I0091689

NS-Filmpropaganda

Wunschbild und Feindbild in Leni Riefenstahls "Triumph des
Willens" und Veit Harlans "Jud Süß"

von

Daniel Knopp

Tectum Verlag
Marburg 2004

Knopp, Daniel:
NS-Filmpropaganda.
Wunschbild und Feindbild in Leni Riefenstahls "Triumph des Willens" und Veit
Harlans "Jud Süß".
/ von Daniel Knopp
- Marburg : Tectum Verlag, 2004
ISBN 978-3-8288-8602-5

© Tectum Verlag

Tectum Verlag
Marburg 2004

Inhaltsverzeichnis

1. Einleitung

> „Das Wesen jeder Propaganda besteht darin, Menschen für eine Idee zu gewinnen, so innerlich, so lebendig, daß sie am Ende ihr verfallen sind und nicht mehr davon loskommen."[1]
>
> Joseph Goebbels

In der nationalsozialistischen Filmpropaganda fand die Umsetzung dieser Vorstellung Goebbels durch extreme Polarisierungen statt. Dabei wurde der Kinobesucher mit stilisierten Wunschbildern und bedrohlichen Feindbildern konfrontiert. Mit den Wunschbildern sollte sich der Zuschauer identifizieren, damit er die Bedrohung dieser Ideale als eigene Bedrohung empfinden konnte. Das Wunschbild der NS-Ideologie wurde durch den Führer verkörpert. Aus seiner Weltanschauung resultierte die Ideologie seiner charismatischen Bewegung.[2] Das Wunschbild von der einheitlichen, exklusiven und zugleich erhöhten Volksgemeinschaft, welches der Film „Triumph des Willens" einzigartig vermittelt[3], konnte in der politischen Praxis jedoch nicht in positiver, sondern hauptsächlich in negativer Form verwirklicht werden.[4]

---

1   Gerd Albrecht: Nationalsozialistische Filmpolitik. Eine soziologische Untersu chung über die Spielfilme des Dritten Reichs, Stuttgart 1969, S.1. Im folgenden abgekürzt: Albrecht: NS-Filmpolitik. *Bei Werken die oft zitiert werden, gebe ich die folgenden Abkürzungen in Klammern an.*

2   Martin Broszat: Soziale Motivation und Führerbindung des Nationalsozialismus, in: Vierteljahreshefte für Zeitgeschichte (VjhZG) 13 (1970), S. 399ff.

3   TdW zeigt allgemein, wie sich das NS-Regime gerne gesehen hat und blieb deswegen ohne Nachfolger. Die Einzigartigkeit von TdW als zeitgeschichtliche Quelle wurde auch anläßlich einer amerikanischen Fernsehpremiere von TdW 1977 in der New York Times festgestellt: „one of the key documents of this century".

4   Ebd.

Je weniger das Wunschbild umgesetzt werden konnte, desto unerläßlicher wurde das Feindbild für die nationalsozialistische Propaganda. Das Feindbild der NS[5]-Propaganda war demnach die untrennbare Konsequenz aus ihrem unerreichbaren Wunschbild. Die nationalsozialistische Propaganda brauchte diese Feindbilder.[6] Die Umsetzung des Feindbildes konnte in der politischen Praxis am einfachsten bei machtlosen Minderheiten erreicht werden. Der Film „Jud Süß" von Veit Harlan verdeutlicht dieses antisemitische Feindbild als Inbegriff des NS-Feindbildes auf abschreckende Weise. Die vorliegende Arbeit erhebt dabei nicht den Anspruch, das Feind- oder Wunschbild der NS-Propaganda umfassend darzustellen, sondern lediglich einzelne Aspekte davon anhand der ausgesuchten Filme hervorzuheben.

Die ausgesuchten Filme sind Paradebeispiele der nationalsozialistischen „Erkenntnis von der bisher unausgeschöpften Suggestivkraft des Films als Kunst"[7] wie es Leni Riefenstahl formuliert hat. Diese Suggestivkraft wird heute noch so sehr gefürchtet, daß öffentliche Vorführungen von „Jud Süß" und „Triumph des Willens" verboten sind.[8] Deswegen muß bei einer Interpretation der Filme stets differenziert werden zwischen dem, was der NS zu sein vorgibt, und was er darin

---

5   Siehe Abkürzungsverzeichnis!

6   Dies ist auch die Grundthese in Erwin Leisers Film „Feindbilder" vom 20.7.1995 im MDR. Verantwortlicher Redakteur: Herr Hübner.

7   Leni Riefenstahl: Hinter den Kulissen des Reichsparteitagfilms. München 1935, S. 15.

8   Siehe hierzu auch Gerd Albrecht (Hrsg.): Film im Dritten Reich. Eine Dokumentation, Schauburg 1979, S. III (Vorwort): Nach Albrecht hängt die Wirkung der NS-Filme „in erster Linie nicht von ihnen selbst ab, sondern von dem politischen, publizistischen, psychischen und sozialen Umfeld, in dem diese Filme zur Vorführung gelangen." Ein solches Umfeld für eine geringe propagandistische Beeinflussung ist jedoch m.E. sehr schwer zu erzielen. Auch Erwin Leiser verzichtete in seinem Dokumentarfilm „Feindbilder" vom 20.07.1995 im MDR auf Ausschnitte aus antisemitischen Filmen, wegen ihrer noch immer zu befürchtenden Wirkung.

von sich selbst preisgibt. Konkret stellt sich unter anderem die Frage, inwieweit das NS-Wunschbild der faschistischen Realität entspricht und das NS-Feindbild ein unbeabsichtigtes Spiegelbild dieser Realität ist. Daran schließt sich die Frage nach der politischen Botschaft und Propaganda der Filme an, die aufgrund der jeweiligen Filmanalysen erläutert werden soll.

Der Film als Quelle für den Historiker beinhaltet dabei methodische Probleme. Grundsätzlich muß als erster Schritt der Filmanalyse die historische Dimension des Aufnahmegegenstands geklärt werden. Nur so kann im zweiten Schritt die Veränderung der Aufnahmewirklichkeit durch den Film ermittelt werden. Dabei wird der Fragestellung nachgegangen, inwieweit der Film die gefilmte Wirklichkeit verfälscht und inwieweit er sie unverfälscht wiedergibt. Die methodischen Probleme ergeben sich dadurch, daß es für diese Aufgabenstellung noch keine allgemein anerkannten Verfahrensweisen gibt. Daran ändert auch die Tatsache nichts, daß der Film als zeitgeschichtliches Quellenmaterial in den letzten zehn Jahren an Bedeutung erheblich hinzugewonnen hat[9]. Für meine Arbeit habe ich deswegen die Methoden der vorliegenden Forschungsliteratur entsprechend ihrer Gültigkeit für meine Aufgabenstellung übernommen. Die Methode der qualitativen Aussage durch quantitative Häufigkeitsmessungen wird dabei in beiden Filmanalysen angewandt. Eine empirische Wirkungsanalyse ist dagegen in der Forschungsliteratur nicht aufgetaucht und kann heute auch nicht mehr erstellt werden. Bei der Filmanalyse von TdW folge ich methodisch weitgehend Martin Loiperdinger[10] und übernehme somit auch seine mikro- und makroanalytische Betrachtungsebene.

---

9   Vgl. Martin Loiperdinger: Rituale der Mobilmachung. Der Parteitagsfilm „Triumph des Willens" von Leni Riefenstahl, Opladen 1987, S. 55.

10   Ebd.

Die vorliegende Arbeit ist im Zusammmenhang mit der Betrachtung der Filme geschrieben worden und sollte deswegen auch dementsprechend mit den „Filmen im Kopf" gelesen werden.

.

2. Filmanalysen

2.1. Der NS-Propagandafilm

2.1.1. Grundsätzliches zum Film

2.1.1.1. Wesen und Gestalt

Nach Emil Dovifat ist das Hauptelement des Films die Bewegung.[11] Die Bewegung der Bilder zwingt den Zuschauer in den Gang der Handlung. Ein Wegschauen, wie noch im Szenenablauf des Theaters, ist durch die ständige Bewegung der Bilder im Film nicht mehr möglich. Die Bewegung, die den Zuschauer fesselt, kann ihn jedoch auch durch eine Veränderung der Bewegungsgeschwindigkeit in eine andere Realität versetzen. Der Rhythmus der Bewegung oder Bilderfolge kann im Film durch Montage, Auf-, Ab- oder Überblendung beliebig manipuliert werden. Durch die Bildauswahl selektioniert der Regisseur die visuelle Wahrnehmung des Zuschauers. Mit der Einstellungsgröße der Bilder wird der Zuschauer in seiner Entfernung zum Geschehen festgelegt. Durch die Bewegung bietet der Film zahlreiche Möglichkeiten, die Wirklichkeit je nach Bedarf für den Zuschauer zu verändern und eignet sich somit hervorragend als Instrument der Propaganda. Im NS-Film wird dieses Prinzip der Bewegung zum Selbstzweck. Die ständige Bewegung der Kamera „bestärkt im Zuschauer die Überzeugung von der dynamischen Macht der Nazis. Bewegung in und über einem Ge-

---

[11] Emil Dovifat: Handbuch der Publizistik. Zitiert bei Pierre Kandorfer: Du Mont's Lehrbuch der Filmgestaltung. Theoretisch- technische Grundlagen der Filmkunde, 5. Aufl. Köln 1994 , S. 21.

biet bedeutet dessen völlige Kontrolle."[12] Nach Kandorfer[13] gibt es
drei publizistische Filmarten:

1. Nachrichtenfilme (Wochenschau)
2. Dokumentarfilme
3. Spielfilme politischer und gesellschaftskritischer Tendenz

Der Spielfilm bietet die beste Möglichkeit, das Unterhaltungsbedürfnis
des Zuschauers mit der Absicht der Beeinflussung zu verbinden. Daß
die Propaganda dabei der Unterhaltung nicht hinderlich ist, beweisen
die zu untersuchenden nationalsozialistischen Propagandafilme „Jud
Süß" und „Triumph des Willens".

Im Dokumentarfilm sollte hingegen die Wirklichkeit objektiv wiedergegeben werden, wobei dies in der Praxis kaum machbar ist. Die Möglichkeit zur Propaganda ergibt sich hierbei durch die Vorgabe, Dokument zu sein, wodurch beim Zuschauer eine starke Glaubensbereitschaft erzeugt werden kann.[14]

Im Nachrichtenfilm können Informationen als Instrument zur Propaganda dienen und „[..]selbst wenn der Zuschauer kritisch ist, hat er
keine Möglichkeit, die Informationen nachzuprüfen."[15]

Dies wurde auch von der nationalsozialistischen Filmpropaganda erkannt, indem die „Wochenschauberichte" von ursprünglich zwölf auf

---

[12] Siegfried Kracauer: Von Caligari zu Hitler. Eine psychologische Geschichte
      des deutschen Films, 5. Aufl. Frankfurt am Main 1994 , S. 327, (Kracauer:
      Caligari).

[13] Kandorfer: DuMont, S.23.

[14] Ebd., S. 24. Die Sowjetunion sah z.b. darin „das wichtigste politische
      Kampfmittel der sowjetischen Kunst".

[15] P. Baechlin: News Reals across the World, UNESCO, 1956.

fünfundvierzig Minuten verlängert wurden. Die Nachrichtenpolitik war für Goebbels ein reines Propagandamittel:

„Die Nachrichtenpolitik im Kriege ist ein Kriegsmittel. Man benutzt es, um Krieg zu führen, nicht um Informationen auszugeben."[16]

2.1.1.2. Psychologie des Films

Nach Balazs setzt sich die Einheit des Films zusammen aus seiner objektiven Physiognomie und seiner subjektiven Bildwirkung.[17] Die „objektive Physiognomie" ist dabei die optische Wirklichkeit, die technisch transformiert bei jedem Zuschauer eine andere „subjektive Bildwirkung" erzeugt. Inwieweit sich die „objektive Physiognomie" von der „subjektiven Bildwirkung" unterscheidet, bestimmt der Filmemacher. Der Zuschauer reagiert zunächst physiologisch, bevor er seinen Intellekt einsetzen kann.[18] Der Film enthüllt auch verborgene Wirklichkeitsbereiche, die ebenfalls primär physiologisch und weniger intellektuell aufgenommen werden. Die emotionale Beanspruchung des Zuschauers eröffnet dem Film eine bewußtseinsverdrängende Wirkung. Hierbei kann das „Schauen des Films" beim Zuschauer zum Selbstzweck werden: Der Zuschauer will nicht einen bestimmten Film sehen, sondern möchte vom Zugriff des Bewußtseins befreit werden.[19] Sein Urteilsvermögen ist geschwächt und somit entsteht die Möglichkeit, die Filmbilder so auszuwählen und zu arrangieren, daß sie seine Sinne für die von ihnen propagierten Ideen empfänglich machen. Als erste erkannten dies russische Regisseure der zwanziger Jahre. In diesem Sinne meinte auch **Lenin**: „Das Kino ist für uns die wichtigste aller

---

[16]   Albrecht: NS- Filmpolitik, S. 95.

[17]   Bela Balazs: Der Geist des Films, Frankfurt 1972, S. 87.

[18]   Siegfried Kracauer: Theorie des Films, Frankfurt 1964, S. 63.

[19]   Kandorfer: DuMont, S. 48.

Künste",[20] oder **Pudowkin:** „Der Film ist der beste Lehrer, denn seine Lehren wenden sich nicht nur an sein Gehirn, sondern an den ganzen Körper".[21] Durch diese Beschaffenheit bietet der Film dem Zuschauer auch einen Ersatz für seine Träume. Der Film muß auf die Wunschträume seines Publikums eingehen, aber auch neue Träume bei ihm hervorrufen. Diese Träume können beim Zuschauer auch Erinnerungen, die tief in sein Unterbewußtsein abgesunken sind, wieder wachrufen.[22] Nach Kracauer[23] gibt der Film auch Orientierungshilfen, indem er ein geschlossenes Weltbild mit einer abgerundeten und gegenüber der Wirklichkeit meist vereinfachten Handlung präsentiert. Der Zuschauer hat meist die Übersicht über die Handlung des Films und findet sich somit in der Welt, die der Film dem Zuschauer bietet, ohne Probleme zurecht.

2.1.1.3. Die technischen Möglichkeiten des Films

Die **Einstellung**[24] ist die kleinste Einheit des Films. Sie besteht aus einer einzigen, ununterbrochenen Kameraaufnahme. Ihre Ausdrucksmöglichkeiten sind die Kameraposition, die Dauer der Einstellung und die Einstellungsgröße:

2.1.1.3.1. Einstellungsgrößen

Die **Totale** verschafft dem Zuschauer einen Überblick und führt ihn ein. Sie enthält viele Einzelinformationen und gibt dem Zuschauer ein Gefühl von Freiheit und Distanz, außerdem kann sie den Einzelnen als

---

[20] Ebd.

[21] Ebd.

[22] Ebd., S.54.

[23] Kracauer: Theorie des Films, a. a. O.

[24] Der Name kommt noch aus der Stummfilmzeit, als die „Einstellung" der Kamera während der gesamten Szene unverändert blieb.

12

Bestandteil der Masse und in seiner Ohnmacht und Kleinheit im Kontrast zur Großaufnahme darstellen.

Die **Halbtotale** schränkt das Blickfeld bereits näher ein. Sie differenziert und charakterisiert bereits genauer als die Totale. Sie wählt zum Beispiel eine gewisse Personengruppe aus und füllt damit die gesamte Bildfläche. Hierbei wird auf die individuelle Ausprägung der Person verzichtet.[25]

Bei der **Halbnah**-Einstellung werden Personengruppen mit zwei Drittel ihrer Körpergröße dargestellt. Hierbei wird die unmittelbare Umgebung noch berücksichtigt.

Die **Naheinstellung** zeigt den Darsteller mit einem Drittel seiner Körpergröße. Die Distanz zum Geschehen ist spätestens hier aufgehoben. Diese Einstellung wirkt auf den Zuschauer subjektiver und emotionaler.

Bei der **Großaufnahme** wird zum Beispiel ein menschlicher Kopf bildfüllend abgebildet. Der Zuschauer wird unmittelbar konfrontiert und bekommt einen intimen Einblick in das Geschehen. Die Kamera löst eine einzelne Person aus ihrem Zusammenhang und schafft damit ein eigenes Raum- und Zeitmaß. In der Großaufnahme fand die nationalsozialistische Vorstellung vom Helden ihre dramaturgische Realisierung.[26]

---

[25]   Kurt Denzer: Untersuchungen zur Filmdramaturgie des Dritten Reiches, Kiel 1970, S.257.

[26]   Ebd.

2.1.1.3.2. Kamerapositionen

Beim „**Unten-Standpunkt**" blickt die Kamera von unten nach oben und läßt damit die dargestellte Person selbstbewußt, überlegen, heroisch, aber auch brutal, unheimlich oder arrogant erscheinen.

Beim „**Oben-Standpunkt**" wirken die dargestellten Personen hingegen klein, harmlos, unterlegen, einsam, machtlos und erniedrigt.

Beim „**Schräg-Standpunkt**" werden dem Zuschauer stark irreale Eindrücke vermittelt.

Ein weiteres technisches Mittel der Kameraführung ist der Schwenk. Er hat die Funktion, den Blick des Zuschauers zu leiten, bewegte Objekte zu verfolgen und Rhythmus sowie Bewegung in den Film zu bringen:

„**Langsame Schwenks**" werden eingesetzt, um irreale Stimmungen beim Zuschauer zu erzeugen, indem sie sich vom realen Zeitablauf entfernen.

„**Geleitende oder tastende Schwenks**" verfolgen und begleiten sich bewegende Objekte, außerdem beobachten sie neutral das Geschehen und tasten sich langsam heran. Im Gegensatz dazu steht der „**schnelle Schwenk**": Hierbei wird der Zuschauer überraschend in die Handlung gezwungen und mitgerissen. Die Kamera befindet sich in voller Aktion und hat ihre distanzierte Haltung aufgegeben. Gesteigert wird diese Kameraführung dann noch durch „**Reißschwenks**". Dabei werden keine Bildeinzelheiten mehr wahrgenommen. Der „Reißschwenk" stiftet nahezu Chaos und Verwirrung beim Zuschauer.

Wenn sich die Position der gesamten Kamera während einer Einstellung verändert, so nennt man dies Kamerafahrt. Der Zuschauer bekommt dadurch den Eindruck, als ob er sich selbst bewegt. Dadurch kann er den Film dreidimensional erleben.

Mit der „langsamen Fahrt" verhält es sich wie mit den langsamen Schwenks. Bei der „Umfahrt" wird ein Objekt auf einer Kurvenbahn[27] umfahren. Vorder-, Mittel- und Hintergrund verschieben sich dabei gegeneinander, was beim Zuschauer eine Raumillusion erzeugen kann. Die „Kranfahrt" hat dann auch wieder die Funktion, den Zuschauer zu geleiten und den Darsteller zu begleiten.

2.1.1.3.3. Filmschnitt (Montage)

Die Montage ist „die Sprache des Filmregisseurs."[28] Nach Balazs bietet sie sogar die beste Möglichkeit umzudichten und zu verfälschen.[29] Die wichtigsten Montagearten möchte ich kurz aufzeigen:

Die **Parallel-Montage** führt zwei parallel verlaufende und inhaltlich ineinandergreifende Handlungsabläufe zu einem gemeinsamen Höhepunkt zusammen. Dagegen verbindet die **parallelisierende Montage** diese Handlungsabläufe nicht miteinander, sondern grenzt sie gegeneinander ab. Anhand der **Assoziations-Montage** werden Einstellungen miteinander kombiniert, so daß sich daraus beim Zuschauer bestimmte Assoziationen ergeben. Wenn die miteinander kombinierten Bilder Symbolcharakter haben, spricht man dann auch von der **metaphorischen Montage**. Bei der **Ersatz-Montage** entwirft der Regisseur ein Ersatzbild für eine Einstellung, die er nicht zeigen will.[30] Diese Ersatzbilder haben dann auch oft Symbolcharakter.

Durch die **manipulierende Montage** erreicht der Film seine gefährlichsten Manipulationsmöglichkeiten. Ein bekanntes Beispiel bietet hier der Eisenstein-Film „Panzerkreuzer Potemkin", der durch gering-

---

27 Eine solche Kurvenbahn konstruierte Riefenstahl zum Beispiel um das Rednerpult des Führers.

28 Kandorfer: DuMont, S. 240, a. a. O. Zitiert nach Pudowkin.

29 Ebd.

30 Aus Diskretion zum Beispiel bei einer Liebesszene.

fügiges Umschneiden inhaltlich völlig verändert wurde.[31] Eine weitere Möglichkeit der Manipulation bietet die **demagogische Montage**. Sie setzt verschiedenartiges Filmmaterial,[32] das lediglich inhaltliche Gemeinsamkeiten aufweist, zueinander in Beziehung. Die kunstvollere Ausführung der „demagogischen Montage" nennt man auch **„agitierende Montage"**.

Nach formalen Prinzipien richtet sich die **Monolog-Montage**. Hierbei werden Einstellungen kombiniert, die sich in Inhalt, Form, Motiv oder Bewegung gleichen. Im Gegensatz dazu setzt die **Dialog-Montage** zwei Motive oder Objekte in eine Beziehung zueinander. Bei der **Leitmotiv-Montage** tritt ein bestimmtes inhaltliches oder formales Leitmotiv immer wieder auf. Daß Bewegung ein wichtiges Element im Film ist, wird bei den **rhythmischen Montagearten** deutlich: Die **inhaltlich-rhythmische Montage** versucht durch kurze Schnitte einen Bewegungsvorgang zu erzeugen. Bei der **abstrahierenden rhythmischen Montage** entspricht die Motorik dieses Bewegungsvorgangs nicht der Wirklichkeit. Schließlich wird bei der **subjektivierenden Montage** das Geschehen in der „Ich-Form" dargestellt. Die Kamera übernimmt folglich den Standpunkt des Akteurs und nicht den des Zuschauers.

---

31 Kandorfer: DuMont, S.244: Der Film wurde 1926 nach Schweden verliehen, unter der Bedingung, daß nichts weggelassen und nichts hinzugefügt werden darf. Der Film begann mit dem Aufstand. Die Ursache für die Meuterei wurde nach hinten verlegt. Die Schuldigen der Meuterei waren somit die Meuterer selbst, die am Schluß von den Offizieren ihre gerechte Strafe bekamen. Der revolutionäre Film wurde somit zu einem gegenrevolutionären Film.

32 Dabei handelt es sich um Filme aus verschiedenen Zeiten, verschiedene Filmarten oder Filme der Gegenpropaganda, die mit anderen oder eigenen Filmen verbunden werden.

Die Montagetechnik war in Deutschland schon lange vor 1933 hoch entwickelt. Leni Riefenstahl konnte in „Triumph des Willens" auf diese früheren Leistungen zurückgreifen. „Triumph des Willens" und „Jud Süß" sind geprägt von einer äußerst modernen und intensiven Montagetechnik.

2.1.2. Die Organisation des NS-Films

Als Goebbels am 13.3.1933 zum Minister des zwei Tage zuvor gegründeten Ministeriums für Volksaufklärung und Propaganda ernannt wurde, kündigte er tiefgreifende Reformen im Filmwesen an.[33] Der Film sollte unter staatliche Kontrolle gebracht werden und wurde deswegen im wesentlichen in folgenden Punkten neu organisiert:

Die **Reichsfilmkammer,** die am 6.7.1933 als vorläufige Filmkammer ins Leben gerufen wurde, machte die weltanschaulich-politische Zuverlässigkeit ihrer Bewerber zur Aufnahmebedingung.[34] Wer dieser Voraussetzung nicht entsprach, konnte nicht Mitglied werden und damit nicht mehr seinen Beruf ausüben.[35] Ein Arierparagraph[36] mußte dabei nicht extra eingeführt werden, weil schon im Vorfeld eine Verordnung des Propagandaministeriums die Tätigkeit von Juden und Ausländern in der deutschen Filmindustrie untersagt hatte.[37] Nach Albrecht[38] wurden nach dem März 1933 etwa 5000 Personen von Be-

---

33   Kandorfer: DuMont, S. 12.

34   Curt Belling: Der Film in Staat und Partei. Berlin 1936.

35   Ebd.

36   Wolfgang Becker: Film und Herrschaft. Organisationsprinzipien und Organisationsstrukturen der nationalsozialistischen Filmpropaganda, Berlin 1973, S. 60.

37   Courtade, Francis und Cadars, Pierre: Geschichte des Films im Dritten Reich, München 1975, S.24.

38   Gerd Albrecht: „Auch Unterhaltung ist staatspolitisch wichtig". In der NS-Zeit sollte die Filmindustrie die Bevölkerung bei Laune halten und von der

rufsverboten betroffen. Mit der Reichsfilmkammer konnten die Nationalsozialisten ihre personalpolitischen Vorstellungen verwirklichen.

Die wirtschaftliche Steuerung des NS-Films erfolgte über die am 1.6.1933 gegründete **Filmkreditbank**. Bis zur Verstaatlichung der Filmindustrie wurden damit bis zu 70% der Kosten eines Filmes finanziert. Auf diese Weise wurden 1935 bereits 70% aller Spielfilme finanziert.[39] Durch die Verstaatlichung der Filmindustrie verlor sie jedoch an Bedeutung.

Eine bedeutende juristische Veränderung ergab sich durch das **Lichtspielgesetz**[40] vom 16.2.1934. Das neue Lichtspielgesetz[41], führte die Vorzensur[42] aller Spielfilme durch den Reichsfilmdramaturgen ein. Der Reichsfilmdramaturg hatte die Aufgabe, die eingereichten Filme hinsichtlich ihrer Vereinbarkeit mit dem neuen Lichtspielgesetz zu prüfen und zu verhindern, „daß Stoffe behandelt werden, die dem Geist der Zeit zuwiderlaufen"[43]. Bei Zensurverboten oder anderen Konfliktfällen nahm der Reichsfilmdramaturg die Vermittlerrolle zwischen dem RMVP und der Filmindustrie ein. Das neue Lichtspielgesetz führte außerdem die Prädikatisierung der Filme durch die Filmprüfstelle des

---

Wirklichkeit ablenken, in: Das Parlament, 37. Jg., Nr. 16-17, 18./ 25.4.1987, S.4 .

39 Albrecht: NS-Filmpolitik, S. 19.

40 Abgedruckt bei: Kurowski, Ulrich (Redaktion): Deutsche Spielfilme 1933-1945. Materialien, Münchner Filmmuseum (Hrsg.), München 1978, S. 65ff. , (Kurowski: Materialien) . Siehe dazu auch: Klaus-Jürgen Maiwald: Filmzensur im NS-Staat, Dortmund 1983, S.81ff.

41 Bis zu diesem Zeitpunkt war das Reichslichtspielgesetz vom 12.5.1920 gültig gewesen!

42 Kurowski: Materialien, S. 65, § 1.

43 Ebd. , §2.

18

RMVP ein. Dabei wurde auch das Prädikat „staatspolitisch wertvoll" eingeführt.[44]

Mit dem neuen Lichtspielgesetz konnte der NS-Staat schon während der Filmproduktion deren Ergebnisse festlegen und somit seine eigenen Vorstellungen vom NS-Film auch in künstlerischen Fragen durchsetzen.

Mit der Reichsfilmkammer, der Filmkreditbank und dem neuen Lichtspielgesetz hatten die Nationalsozialisten die personalpolitische, finanzielle und juristische Neuordnung des deutschen Films im wesentlichen abgeschlossen.

2.1.3. Hitler und die NS-Filmpropaganda

2.1.3.1. Allgemeine Ausführungen zur Propaganda in Hitlers „Mein Kampf"

In „Mein Kampf" hat Hitler die Propaganda als Möglichkeit zur „Beeinträchtigung der Willensfreiheit des Menschen" bezeichnet.[45] Die Bedeutung dieser Möglichkeit wird vor allem aus Hitlers Geschichtsbild deutlich erkennbar, indem er die Kriegsniederlage von 1918 auf das Versagen der deutschen Propaganda zurückführte.[46] Im Gegensatz zum gesprochenen Wort billigt Hitler dabei dem geschriebenen Wort nur eine untergeordnete Bedeutung zu: „Daher wird das Geschriebene

---

[44] Außerdem gab es noch: „anerkennenswert" (ab 1.9.1942), „besonders wertvoll" (7.6.1933-5.11.1934), „Film der Nation" (ab 1939), „jugendwert" (ab 21.11.1938), „künstlerisch besonders wertvoll" (ab 1.4.1939), „künstlerisch" (bis 5.11. 1934), „künstlerisch wertvoll" (ab 5.11. 1934), „kulturell wertvoll", „Lehrfilm", „staatspolitisch besonders wertvoll" (ab 1.4. 1939), „staatspolitisch und künstlerisch besonders wertvoll" (5.11.34 - 1.9.42). Siehe dazu Albrecht: NS-Filmpolitik, dort Verzeichnis der Abkürzungen.

[45] Adolf Hitler: Mein Kampf. 12. Aufl. München 1941, S. 531. (Hitler: Mein Kampf).

[46] Ebd., S. 193.

in seiner begrenzten Wirkung im allgemeinen mehr der Erhaltung, Festigung und Vertiefung einer bereits vorhandenen Gesinnung oder Ansicht dienen."[47] Durch das gesprochene Wort kann jedoch nach Hitler eine tatsächliche Macht auf den Menschen ausgeübt werden.[48] Eine ähnlich hohe Einstufung als Propagandamittel erfährt bei Hitler nur noch das Bild und insbesondere der Film,[49] durch seine besonders leichte und schnelle Empfänglichkeit beim Rezipienten. Weil das Ziel der Propaganda darin besteht, die Massen zu überzeugen,[50] beurteilte Hitler die Effektivität eines Propagandamittels nach dem Maß seiner Verständlichkeit für die zu überzeugende Masse. Das Verständnis der Massen erreicht man nach Hitler nur durch „eine tausendfache Wiederholung einfachster Begriffe," denen die Masse „endlich ihr Gedächtnis schenken"[51] wird. „Jede Abwechslung darf nie den Inhalt des durch die Propaganda zu bringenden verändern, sondern muß stets zum Schlusse das Gleiche sagen."[52] „Jede Reklame, mag sie auf dem Gebiet des Geschäftes oder der Politik liegen, trägt den Erfolg in der

---

[47]   Ebd. , S. 530 ff. Die genauere Begründung folgte im 6. Kapitel des zweiten Bandes („Der Kampf der ersten Zeit - die Bedeutung der Rede") unter der Seitenüberschrift: „Rede wirkungsvoller als Schrift".

[48]   Ebd. , S. 525: Hitler versucht dieses Argument auch durch die Auswirkungen der kommunistischen Propaganda zu begründen: „Das Volk der Analphabeten ist wirklich nicht durch die theoretische Lektüre eines Karl Marx zur kommunistischen Revolution begeistert worden, sondern nur durch den gleißenden Himmel, den Tausende von Agitatoren, allerdings alle im Dienste einer Idee, dem Volke vorredeten. Und das war noch immer so und wird ewig so bleiben. Es entspricht ganz der verbohrten Weltfremdheit unserer deutschen Intelligenz, zu glauben, daß zwangsläufig der Schriftsteller dem Redner an Geist überlegen sein müsse."

[49]   Ebd. , S.525-530.

[50]   Ebd. , S.202f.

[51]   Ebd.

[52]   Ebd.

Dauer und gleichmäßigen Einheitlichkeit ihrer Anwendung."[53] Nicht der Inhalt, sondern die Form ist demnach das Entscheidende der Propaganda. Die Form ist dabei von ihrem Inhalt unabhängig. Hitler sieht die Propaganda als Mittel zum Zweck. Allein nach diesem Zweck hat sich die Propaganda zu richten. Andere Werte und Maßstäbe sind folglich aufgehoben: „Wenn Gesichtspunkte von Humanität und Schönheit für den Kampf erst einmal ausscheiden, dann können sie auch nicht als Maßstab für Propaganda Verwendung finden."[54] Hierbei wird Hitlers Radikalismus deutlich, für den der Zweck jedes Mittel heiligt.

Der Inhalt der Propaganda ergibt sich aus ihrer Zielgruppe: „Für die Intelligenz,[...], ist nicht Propaganda da, sondern wissenschaftliche Belehrung. Propaganda aber ist so wenig Wissenschaft ihrem Inhalt nach, wie etwa ein Plakat Kunst ist in seiner Darstellung."[55] Die herausragende Bedeutung des Films für Hitler wird auch durch die beabsichtigte Wirkungsebene seiner Propaganda deutlich: „[..]ihr Wirken (muß, Anmerkung des Verfassers)[...] immer mehr auf das Gefühl gerichtet sein und nur sehr bedingt auf den sogenannten Verstand."[56]

Die Masse selbst beurteilt Hitler beschränkt, vergeßlich,[57] feminin, gefühlsbestimmt[58] und undifferenziert in ihrem Wahrheitsanspruch.[59] Diese Einstellung vertrat Hitler auch noch auf dem Höhepunkt seiner Macht.[60] So erklärte er beispielsweise am 18. Januar 1942: „Was für ein

---

[53]   Ebd.

[54]   Ebd. , S.196.

[55]   Ebd.

[56]   Ebd. , S.197.

[57]   Ebd. , S.198.

[58]   Ebd. , S.201.

[59]   Ebd.

[60]   Werner Maser: Hitlers Mein Kampf. Entstehung, Aufbau, Stil, Änderungen, Quellen, Quellenwert, kommentierte Auszüge, München 1966, S. 221.

Glück für die Regierungen, daß die Menschen nicht denken. Denken gibt es nur in der Erteilung oder im Vollzug eines Befehls. Wäre es anders, so könnte die menschliche Gesellschaft nicht bestehen."[61]

Ein weiteres Ziel der Propaganda ist für Hitler die „Nationalisierung" der Massen, womit er auch die Befreiung der Massen von „wesensfremden[...]Untugenden" und von den „Erregern dieser Untugenden"[62], die „rücksichtslose und einseitige Fanatisierung"[63] der Massen und die Erzeugung von „vorwärtsjagender Hysterie"[64] meinte. Die „Emotionalisierung" der Masse ist folglich eine Konsequenz ihrer „Nationalisierung". Ohne diese „Emotionalisierung" ist auch das erstgenannte Ziel, die Überzeugung der Masse, nach Hitler nicht durchführbar: „Denn die größten Umwälzungen auf dieser Erde wären nicht denkbar gewesen, wenn ihre Triebkraft statt fanatischer, ja hysterischer Leidenschaften nur die bürgerlichen Tugenden der Ruhe und Ordnung gewesen wären."[65] Durch die „Nationalisierung" der Masse erreicht Hitler also einen geistigen und emotionalen Zustand der Masse, der ihm den Nährboden für eine erfolgreiche Propaganda liefert.

Auch wenn die Thesen von Adolf Hitler über Propaganda in „Mein Kampf" an menschenverachtender Radikalität und Zynismus nicht zu überbieten sind, läßt sich dennoch die Effektivität und Fortschrittlichkeit seiner Ausführungen nicht bestreiten. Selbst englische und amerikanische Rezensenten von „Mein Kampf" konnten in der damaligen Zeit nicht verschweigen, daß Hitlers propagandistische Praktiken mit

---

[61] Henry Picker: Hitlers Tischgespräche im Führerhauptquartier 1941-1942. Vorwort und Erläuterungen von P.E. Schramm, 2. Aufl. Stuttgart 1965, S. 159.

[62] Hitler: Mein Kampf, S. 372.

[63] Ebd. , S. 371.

[64] Ebd.

[65] Ebd. , S. 475.

den Praktiken von erfolgreichen Werbeagenturen ihres Landes über-
einstimmten.[66]

2.1.3.2. Die Auswirkungen auf den NS-Film

Im folgenden Kapitel werde ich Hitlers Auffassungen mit den damit
übereinstimmenden Besonderheiten im nationalsozialistischen Propa-
gandafilm exemplarisch anhand der Filmtitel darstellen. Ich gehe dabei
von einem Zusammenhang aus, ohne diesen direkt nachweisen zu
können.

Die einfache Verständlichkeit der Propaganda und deren schlagwortar-
tige Vermittlung (siehe oben) entspricht der Gestaltung der Filmtitel
der nationalsozialistischen Propagandafilme:[67]

1. Die Titel der P-Filme[68] weisen eine wesentlich höhere „Prägnanz"
   auf als die Titel der anderen Filmgattungen.[69]

---

[66] Christian Zentner: Adolf Hitlers „Mein Kampf „. Eine kommentierte Aus-
      wahl, 8. Aufl. München 1992, S. 108, (Zentner: Mein Kampf).

[67] Gerd Albrecht: Nationalsozialistische Filmpolitik. Eine soziologische Unter-
      suchung über die Spielfilme des Dritten Reichs, Stuttgart 1969, S. 291, (Alb-
      recht: NS-Filmpolitik).

[68] Ich übernehme hier eine Bezeichnung und Kategorisierung von Gerd Alb-
      recht (siehe oben). P- Filme sind demnach (Verzeichnis der Abkürzungen)
      Filme mit manifester politischer Funktion ohne Rücksicht auf ihren sonsti-
      gen Inhalt und ihre Unterhaltung. Ansonsten unterscheidet Albrecht:
      H-Filme: Filme heiterer Grundhaltung mit nur latenter politischer Funktion
      E-Filme: Filme ernster Grundhaltung mit nur latenter politischer Funktion
      A-Filme: Filme mit aktionsbetonender Grundhaltung mit nur latenter politi-
      scher Funktion.

[69] Albrecht: NS-Filmpolitik. S.123ff. : „Prägnanz" wurde durch den Anteil der
      Eigennahmen und Substantive an den Titeln der Gattungen definiert.

2. Die Titel der P-Filme sind hinsichtlich der erzählerisch-schmückenden sprachlichen Gestaltungsmittel deutlich unterrepräsentiert.[70]

3. Die Titel der P-Filme beinhalten unverhältnismäßig häufig Begriffe, die im Zusammenhang ihres Kontextes Spannung und Dramatik ausdrücken. Begriffe, die sich auf Status und Rolle beziehen, sind demgegenüber selten vertreten.[71]

Gemäß Hitlers Vorstellung vom Geschichtsunterricht als politisches Propagandawerkzeug,[72] werden die historisch-geschichtlichen Stoffe der P-Filme genutzt. Diese Art von P-Filmen werden meist anhand von einer Person[73] exemplarisch abgehandelt, um beim Zuschauer durch die gemeinsame Identifikation mit einem heroischen Vorbild, eine geschlossene Stimmung zu erzeugen. Diese Stimmung mündet durch die verbindende und erhebende Wirkung der Symbole in ein Nationalgefühl.

„Es darf ein Erfinder nicht groß erscheinen als Erfinder, sondern muß größer noch erscheinen als Volksgenosse. Die Bewunderung jeder großen Tat muß umgegossen werden in Stolz auf den glücklichen Vollbringer derselben als Angehörigen des eigenen Volkes."[74]

---

[70] Ebd. , die Kategorie „erzählerisch-schmückend" wurde als Anteil der Verben und Adjektive an den Titeln der Gattungen definiert.

[71] Ebd. , S.291. Diese sprachliche Analyse ist auch zutreffend, wenn man verschiedene Perioden der NS-Filmpolitik miteinander vergleicht.

[72] Hitler: Mein Kampf, S.468: „eine Lehrmeisterin für die Zukunft und für den Fortbestand des eigenen Volkstums zu erhalten."
Zentner: Mein Kampf. S. 107. „Auch in der Wissenschaft hat der völkische Staat ein Hilfsmittel zu erblicken zur Förderung des Nationalstolzes. Nicht nur die Weltgeschichte, sondern die gesamte Kulturgeschichte muß von diesem Gesichtspunkt aus gelehrt werden."

[73] So zum Beispiel „Jud Süß", „SA-Mann Brand", „Hitlerjunge Quex".

[74] Hitler: Mein Kampf, S. 473.

Der Zuschauer kann demnach stolz sein, weil er auf das Gemeinsame und Verbindende mit seinem Vorbild stolz ist. Stolz sollte hierbei als Identifikation mit etwas Gemeinsamem und zugleich Positivem verstanden werden. Das Gemeinsame manifestiert sich in der Nation und somit empfindet der Zuschauer Nationalstolz.

Die Beziehung zwischen Filmheld und Zuschauer entspricht außerdem Hitlers Vorstellung der Rollenverteilung zwischen ihm, als charismatischem Führer, und dem von ihm geführten Volk:

> „[..]daß im persönlichen Wert der Wert alles Menschlichen liegt, daß jede Idee und jede Leistung das Ergebnis der schöpferischen Kraft eines Menschen ist, und daß die Bewunderung von der Größe nicht nur einen Dankeszoll an diese darstellt, sondern auch ein einigendes Band um die Dankenden schlingt."[75]

Hitlers neue oder zumindest wieder neu eingesetzte Rollenverteilung und die gewollte Abschaffung des traditionellen sozialen Gefüges wird auch durch die Vermeidung von Status- und Rollenbegriffen[76] in den Titeln der P-Filme deutlich. Durch die Vermeidung wird nicht kritisiert und damit sachlich Bezug genommen, sondern einfach im Hoffen auf die „Vergeßlichkeit der Masse"[77] ihre gewesene Existenz ausgeklammert. Diese indirekte Methode der Filmpropaganda, bei der das Abgelehnte verschwiegen wird, entspricht Hitlers, aber auch Goebbels Vorstellung:

> „In dem Augenblick, da eine Propaganda bewußt wird, ist sie unwirksam. Mit dem Augenblick aber, in dem sie als Propaganda[...]im Hintergrund bleibt[...], wird sie in jeder Hinsicht wirksam."[78]

---

75 Ebd. , S.387.
76 Albrecht: NS-Filmpolitik, S. 286.
77 Siehe oben über das Wesen der Masse.
78 Albrecht: NS-Filmpolitik, S. 456.

Die häufige Verwendung von Begriffen, die Spannung und Dramatik ausdrücken, wirkt allgemein verstärkend auf ideologische Absichten. Nach Albrecht gehört dazu die Abgrenzung von außerhalb der Volksgemeinschaft stehenden Personen und die Konzentration auf einen gemeinsamen Gegner.[79] Mit den genannten Begriffen werden also Prozesse beim Zuschauer verstärkt, die Auseinandersetzung und Konfrontation vorbereiten.[80] Dabei geht es immer darum, daß der Zuschauer „nicht etwas lästig Aufgezwungenes, sondern das selbst Erstrebte erblicken"[81] kann.

2.1.4. Goebbels und der NS - Film

„Die nationalsozialistische Bewegung hat von Anfang an diese innere Stellungnahme zum deutschen Künstlertum gehabt. Denn sie kam an sich aus künstlerischen Urgründen. Sie sah auch in der Politik nicht ein bloßes Handwerk, sondern sie meinte, daß die Politik eigentlich die edelste und größte aller Künste sei. Denn so, wie der Bildhauer aus dem toten Steine eine Leben atmende Gestalt meißelt, und so, wie der Komponist die toten Töne in himmelentrückende Melodien umsetzt, so hat der Politiker und Staatsmann eigentlich keine andere Aufgabe, als eine amorphe Masse in ein lebendiges Volk zu verwandeln. Deshalb gehören auch Kunst und Politik zusammen."[82]

Die Propaganda spielt damit die zentrale Rolle in Goebbels politischem Verständnis, welches aufs engste mit der Kunst verbunden ist. Deswegen ist auch für den NS-Film die Kunst kein Hindernis, sondern

---

[79]   Ebd. , S.299.

[80]   Ebd.

[81]   Hitler: Mein Kampf, S. 386.

[82]   Peter Reichel: Der schöne Schein des Dritten Reichs. Faszination und Gewalt des Faschismus, 2. Aufl. Frankfurt am Main 1993, S. 337: Goebbels 1935 anläßlich der 2. Reichs-Theaterfestwoche in der Hamburger Musikhalle vor Theaterleuten.

eine Hilfe. Der künstlerische Wert eines Filmes war für Goebbels das entscheidende Kriterium für seinen politischen Wert.

„Niemand von uns ist der Meinung, daß Gesinnung Kunst ersetzen könnte[...]"[83]

Die Nationalsozialisten mißbrauchten die Kunst als Mittel zum Zweck für ihre politische Propaganda. Die Tendenz der NS-Propaganda wurde von Goebbels konkret vor allem in vielen internen Anweisungen und Richtlinien festgelegt. Nach außen versuchte man diese Tendenz zu verschleiern. Bei den antisemitischen Filmen „Jud Süß", „Die Rothschilds" und „Der ewige Jude" wurde zum Beispiel in einer offiziellen Pressekonferenz der Reichsregierung am 26.4.1940 verkündet:

„Wenn jetzt einige Juden-Filme herauskommen, möge man sie nicht von vornherein als antisemitische Filme bezeichnen. Sie zeigen das Judentum, wie es ist. Wenn sie antisemitisch wirken, liegt das nicht an einer besonders erstrebten Tendenz."[84]

Das Gegenteil war jedoch der Fall. Die genannten antisemitischen Hetzfilme kamen zur gleichen Zeit in die Kinos - vom Juli bis November 1940 - als die Judenpolitik[85] entscheidend verschärft wurde und hatten damit ein klares Propagandaziel, wie alle anderen P-Filme.

Die entscheidenden Anweisungen Goebbels in Filmfragen wurden in den sogenannten Ministerkonferenzen[86] gegeben. Seine Entscheidun-

---

[83] Helmut Heiber (Hrsg.): Goebbels-Reden, Band I: 1932-1939. Düsseldorf 1971, S. 137f.

[84] Willi A. Boelcke: Kriegspropaganda 1939-1941, Stuttgart 1966, S. 332: Akte ZSG 102: 23 aus dem Bundesarchiv.

[85] 1940 wurden die ersten deutschen Juden aus dem Reich nach Polen deportiert und das jüdische Ghetto in Warschau errichtet. Es entsteht auch der Plan Adolf Eichmanns, alle Juden in Madagaskar anzusiedeln.

[86] Albrecht: NS-Filmpolitik, S.40ff. , a. a. O.

gen waren für den deutschen Film richtungsweisend[87]. Kam es jedoch zu Kontroversen oder Unstimmigkeiten, so wurde die Entscheidung des Führers notwendig. Dieser Entscheidung paßte sich Goebbels bedingungslos an.[88] Das Prinzip der NS-Filmpolitik bestand darin, daß sie auf der einen Seite in enger Verbindung zum Führer stand, auf der anderen Seite aber innerhalb der Filmbranche weitgehende Freiheiten gestattete, solange sich die Beteiligten an die von Goebbels gegebenen Richtlinien hielten. Die Einflußnahme Goebbels war bei den antisemitischen Filmen besonders prägend.[89] Im Fall „Jud Süß" schreibt Veit Harlan dazu:

„Streckenweise war der beängstigende ‚grüne Ministerstift', mit dem Goebbels 'selbst' schrieb, in den korrigierten Drehbuchseiten zu sehen. Worte, die von Goebbels selbst stammten, waren zu übernehmen. Der ‚grüne Stift' war der absolute Befehl."[90]

Auch die Rollenbesetzung wurde hierbei zum Teil von Goebbels vorgegeben, wie es bei anderen Filmen nicht üblich war.[91]

Die filmtheoretischen Ansätze Goebbels sind von Lessing geprägt[92], der in seinem Laokoon[93] die Art und Weise der Künste vom Gesetz-

---

[87] Seine Ansichten wurden von seinen Regisseuren (Hippler, Noldan, Junghans) großteils übernommen.

[88] Albrecht: NS-Filmpolitik, S. 56.

[89] Ebd. , S. 42ff.

[90] Veit Harlan: Im Schatten meiner Filme. Gütersloh 1966. S. 111. Auch wenn es sich bei Harlan oft um Schutzbehauptungen handelt, sind diese Ausführungen dennoch wahrscheinlich. Siehe dazu auch: Albrecht: NS- Filmpolitik, S. 76.

[91] Albrecht: NS-Filmpolitik, S. 210.

[92] Hans-Jürgen Brandt: NS-Filmtheorie und dokumentarische Praxis: Hippler, Noldan, Junghans, in: Dieter Baacke, Wolfgang Gast, Erich Straßner (Hrsg.): Medien in Forschung + Unterricht, Serie A, Band 23, Tübingen 1987, S.14.

28

geber abhängig machte. Goebbels entwickelte daraus die Grundregel, daß die Kunst zwar frei sei, sich aber an bestimmte Normen gewöhnen müsse.[94]

2.2. Das Wunschbild der NS-Filmpropaganda am Beispiel von Leni Riefenstahls „Triumph des Willens"

2.2.1. Hinführung zum Thema

Das Wunschbild der nationalsozialistischen Filmpropaganda ist aufs engste verknüpft mit der Selbstdarstellung des nationalsozialistischen Herrschaftssystems. Ort dieser Selbstinszenierungen war vor allem der Reichsparteitag, der seit 1927 in Nürnberg[95] stattfand.[96] Hier wurden die nationalsozialistischen Vorstellungen von der neuen Volksgemeinschaft und ihrem Führer durch Symbole und Rituale derart erfolgreich vermittelt, daß der englische Botschafter Sir Nevile Henderson im Rückblick auf die dreißiger Jahre behaupten konnte:

---

[93] Gotthold Ephraim Lessing: Gesammelte Werke, 5 Bd. , Berlin/Weimar 1971, S.177.

[94] Albrecht: NS- Filmpolitik, S. 439.

[95] Zur Geschichte Nürnbergs: Reichel: Der schöne Schein, S. 126f. , dort Anm. 57.

[96] Siehe Hamilton T. Burden: Die programmierte Nation. Die Nürnberger Reichsparteitage, Gütersloh 1967; Robert Fritzsch: Nürnberg unterm Hakenkreuz. Im Dritten Reich 1933-39, Düsseldorf 1983; Peter Reichel: Der schöne Schein des Dritten Reiches. Faszination und Gewalt des Faschismus, Frankfurt am Main 1993, (Reichel: Der schöne Schein). S.116ff: Ihren ersten Reichsparteitag hatte die NSDAP schon 1923 in München abgehalten und wegen Hitlers Redeverbot in Bayern 1926 in Weimar. Vor der „Machtergreifung" wurde die Selbstinszenierung des NS noch auf Wahlkampfveranstaltungen reduziert. Zwischen 1930 und 1933 fanden keine Parteitage statt. Die Eroberung der Macht hatte jedoch auch deren Darstellung zur Folge.

„Niemand, der nicht Zeuge der verschiedenen Veranstaltungen während der eine Woche dauernden Versammlung in Nürnberg gewesen oder der dort herrschenden Atmosphäre ausgesetzt worden ist, kann sich rühmen, die Nazibewegung in Deutschland völlig kennengelernt zu haben."[97]

Was in Nürnberg in Szene gesetzt wurde, war eine Traum- oder Scheinwirklichkeit, bestehend aus Kulissen, Lichteffekten und künstlichen Massen.

„Zweifellos waren dies quasi religiöse Rituale und Zeremonien, bei denen sich die nationalsozialistische Weltanschauung als Ersatzreligion anzubieten versuchte."[98]

Leni Riefenstahls „Triumph des Willens" war die Inszenierung dieser Inszenierung oder die stilisierte Idealisierung des Ideals. „Die Vorbereitungen zum Reichsparteitag gingen Hand in Hand mit den Vorbereitungen für die Filmaufnahmen"[99]. Die Hauptrolle des Films spielte Adolf Hitler: „Über allem der Führer!..,"[100] schrieb Riefenstahl in ihrem Buch zum Film und beschreibt dabei die Bedeutung des vom „Führer" geprägten Filmtitels wie folgt:

„So erhebt sich über dem Grundmotiv dieses sieghaften Titels ein Film aus deutscher Gegenwart - ein Triumphzug der Erkenntnis, des Mutes, der Kraft, für unser deutsches Volk zu kämpfen und zu siegen. Ein heroischer Film der Tatsachen - **im Willen des Führers triumphiert**

---

97   Reichel: Der schöne Schein, S. 116.
98   Karlheinz Schmeer: Die Regie des öffentlichen Lebens im Dritten Reich. München 1956; Martina Schöps-Potthoff: Die veranstaltete Masse. Nürnberger Reichsparteitage der NSDAP, in: Helge Pross, Eugen Buß (Hrsg.): Soziologie der Masse. Heidelberg 1985, S.164.
99   Riefenstahl: Hinter den Kulissen, S. 31.
100 Leni Riefenstahl: Hinter den Kulissen des Reichsparteitagfilms. München 1935, S. 11. (Riefenstahl: Hinter den Kulissen).

sein Volk.[101] Der Wille des Volkes zur „Einheit und Stärke", d.h. zur Überwindung der Interessen- und Klassengegensätze im Zeichen der neuen Völkergemeinschaft[102] und zur Mobilisierung der eigenen Macht, manifestiert sich in seinem Führer. Dies entspricht auch den grundlegenden Thesen aus Rosenbergs „Mythus des 20. Jahrhunderts":

> „[..]Worum es sich heute handelt, ist[…]der Willenhaftigkeit des Germanentums auf allen Gebieten nachzugehen. Das Problem ist also: gegen das chaotische Durcheinander eine gleiche Seelen- und Geistesrichtung herbeizuführen, die Voraussetzungen einer allgemeinen Wiedergeburt selbst aufzuzeigen."[103]

Leni Riefenstahl wurde von Hitler persönlich, als „Sonderbevollmächtigte der Reichsleitung der NSDAP" mit der Regie beauftragt. Hitler sicherte ihr das Monopol für die filmische Auswertung des Reichsparteitages, indem er ein generelles Verbot verhängte, Filmaufnahmen, die nicht von Riefenstahl stammten, vom Parteitag 1934 aufzuführen.

2.2.2. Zur Vorgehensweise

In der nun folgenden Filmanalyse werde ich nicht wie bei „Jud Süß" den gesamten Film chronologisch analysieren, sondern anhand von inhaltlichen und formellen Fragestellungen einzelne Sequenzen und Einstellungen exemplarisch hervorheben. Dabei werden den von Leni Riefenstahl genannten vier Möglichkeiten zur künstlerischen Filmges-

---

101 Ebd. , S.28.

102 Wolfgang Wippermann: „Triumph des Willens" oder „kapitalistische Manipulation"? Das Ideologieproblem im Faschismus, in: Karl Dietrich Bracher (Hrsg.), Nationalsozialistische Diktatur 1933-1945. Eine Bilanz, Düsseldorf 1983, S. 735-759.

103 Alfred Rosenberg: Der Mythus des 20. Jahrhunderts. Eine Wertung der seelischen Gestaltungskämpfe unserer Zeit, München 1939, (Rosenberg: Mythus).

taltung besondere Aufmerksamkeit gewidmet. Darunter verstand Riefenstahl „den richtigen Aufbau - die Architektur des Films, den Rhythmus der Montage, die besondere Auswertung des Tones und die Qualität der Kameraeinstellung."[104]

Zuerst werde ich dabei die Strukturierung meiner Filmvorlage mit einer Einteilung in Sequenzen vornehmen. Mit der damit verbundenen Angabe der Einstellzeit am Videorecorder erhoffe ich mir für den Leser einen schnellen und einfachen Zugang zu der gerade interpretierten Szene. Ich werde deswegen eine Szene nicht mit ihrer Einstellungsnummer, sondern mit ihrer Einstellzeit am Videorecorder angeben. Der Vorspann ist dabei mit sechzig Sekunden eingerechnet.

2.2.3. Die Struktur des Films

Ausgangsmaterial für die Analyse des Films ist eine Kopie der Universitätsbibliothek Freiburg. Die daraus resultierende Strukturierung des Films nach Sequenzen unterscheidet sich jedoch von anderen Strukturierungsfestlegungen in der Sekundärliteratur,[105] denen vermutlich auch eine andere Kopie zugrunde lag. Das vorliegende Filmmaterial läßt sich in folgende dreizehn Sequenzen (exclusive Vorspann) einteilen:

---

[104] Leni Riefenstahl: Über Wesen und Gestaltung des dokumentarischen Films, in: Der deutsche Film. Zeitschrift für Filmkunst und Filmwirtschaft, Sonderausgabe 1940/41.

[105] So auch Martin Loiperdinger: Rituale der Mobilmachung. Der Parteitagsfilm „Triumph des Willens" von Leni Riefenstahl, Opladen 1987, S. 63, (Loiperdinger: TdW). Loiperdinger nimmt dabei folgende Einteilung in Sequenzen vor: I. Hitlers Ankunft/ II. Standkonzert/ III. Vor der Eröffnung/ IV. Eröffnung des Parteikongresses/ V. FAD-Appell/ VI. Nächtliche SA-Veranstaltung/ VII. HJ- Appell/ VIII. Appell der Politischen Leiter/ IX. SA- und SS-Appell/ X. Vorbeimarsch/ XI. Schlußkongreß.

Sequenz-Nr:	Benennung	Einstellung	Dauer	Einstellzeit[106]
	Vorspann	1-9	1: 00	
I.	Hitlers Ankunft	10-128	7: 50	1: 00
II.	Standkonzert	129-151	2: 48	8: 50
III.	Vor der Eröffnung			
	1. Nürnberg	152-168	1: 43	11: 38
	2. Zeltlager	169-240	4: 14	13: 21
	3. Trachtenumzug	241-281	2: 00	17: 35
	4. Arbeiter-Stoßtrupp	282-297	1: 21	19: 35
	5. Abfahrt vom Hotel	298-310	0: 51	20: 56
IV.	Eröffnung des Parteikongresses	311-394	9:10	21: 47
V.	FAD-Appell	395-486	6: 54	30: 57
VI.	Appell der Politischen Leiter	487-558	7. 55	37: 51
VII.	Nächtliche SA-Veranstaltung	559-605	3: 32	45: 46
VIII.	HJ-Appell	606-751	9: 30	49: 18
IX.	Waffenschau	752-777	1: 15	58: 48
X.	SA- und SS- Appell	778-885	11: 05	60: 03
XI.	Parade, Teil 1	886-980	8: 32	1: 11: 08
XII.	Parade, Teil 2	981-1053	9: 04	1: 19: 40
XIII.	Schlußkongreß	1054-1176	14:46	1: 28: 44

Gesamte Spielzeit: 1: 43: 30

Diese Strukturierung unterscheidet sich von Loiperdingers Einteilung[107] in drei wesentlichen Punkten:

Erstens faßt Loiperdinger die Sequenzen XI.und XII. zu einer Sequenz zusammen. Da jedoch der erste Teil der Parade mit einer Aus-

---

106 Die Einstellzeit für den Videorecorder zum Erhalt der jeweiligen Sequenz.

107 Siehe hierzu Anmerkung 56.

blende endet und die folgende Einstellung mit einer Aufblende beginnt, außerdem die Kameraführung sich im zweiten Teil in der Wahl der Bildausschnitte und der vermehrt eingesetzten Vogelperspektive deutlich vom ersten Teil der Parade abhebt, ist es durchaus angebracht, die Parade in zwei Sequenzen einzuteilen.

Zweitens fehlt die Sequenz IX., die in der Filmkopie Loiperdingers nicht vorhanden ist. Riefenstahl schreibt über diese Sequenz in ihren Memoiren,[108] daß sie die Wehrmachtsaufnahmen wegen ihrer schlechten Qualität, trotz heftigster Proteste der Wehrmacht und einem daraufhin folgenden Kompromißangebot Hitlers, nicht in den Film aufgenommen hatte.[109] Stattdessen hatte Riefenstahl ein Jahr später einen Kurzfilm über die Wehrmacht gedreht. Die Existenz dieses Kurzfilmes ist ein Indiz für das Weglassen der Wehrmachtsaufnahmen in TdW. Nach Loiperdinger sind jedoch in fast allen Kopien von TdW die Übungen der Wehrmacht enthalten.[110] Die Version Riefenstahls, die Loiperdinger zur Grundlage seiner Strukturierung macht, entspricht demnach noch am ehesten der Orginalfassung von TdW, obwohl auch hier keine gesicherten Erkenntnisse vorliegen.[111]

Drittens unterscheidet sich Loiperdingers Fassung durch die Plazierung der Sequenz „Appell der Politischen Leiter".[112] Die Verschiebung dieser Nachtsequenz in den überfüllten dritten Filmtag ergibt eine ausgeglichenere Verteilung der Programmpunkte auf die einzelnen Tage,

---

108 Leni Riefenstahl: Memoiren: 1902-1945. Frankfurt/Berlin 1994, S. 229.

109 Ebd. : Hitler hatte ihr vorgeschlagen, statt den Wehrmachtsaufnahmen ein paar kurze Portraits der wichtigsten Militärs in ihren Vorspann aufzunehmen, worauf sie mit einem hysterischen Anfall gegenüber Hitler reagiert habe.

110 Loiperdinger: TdW, S.63.

111 Ebd. , S. 48f. , in einem Uraufführungsartikel des Film-Kuriers vom 29.3.1935 ist von den „Übungen der Kavallerie" die Rede.

112 Vgl. hierzu Anmerkung 56.

34

sowie einen zusätzlichen Filmtag.[113] Außerdem entfällt somit der unprofessionell wirkende harte Schnitt nach dem „HJ-Appell",[114] der sich unmöglich in die perfektionistisch angelegte Regiearbeit Riefenstahls einfügen läßt.

Diese Ergebnisse lassen den Schluß zu, daß die Orginalfassung von TdW nachträglich verändert wurde. Diese Veränderungen können aufgrund der vorhandenen Forschungslage nur in Teilbereichen aufgedeckt werden. Auch wenn Loiperdingers Strukturierung der Orginalfassung eher entspricht, werde ich mich, aufgrund der mir vorliegenden Filmkopie, an meine aufgestellte Sequenzeinteilung weiterhin halten.

Eine weitere Strukturierung nach „Filmtagen" ergibt sich demnach anhand der Abfolge von Tages- und Nachtveranstaltungen:

Erster Filmtag: Sequenzen I und II

Zweiter Filmtag: Sequenzen III bis VII

Dritter Filmtag: Sequenzen VIII bis XIII

Diese Zeiteinteilung entspricht jedoch nicht dem tatsächlichen Zeitablauf des Reichsparteitags 1934. Der Parteitag der „Einheit und Stärke" dauerte sechs Tage[115] sowie einen Vortag[116] mit Hitlers Ankunft. Rie-

---

113 Ebd. :   Sequenz I und II: Vortag

Sequenz III bis VI: 1. Tag

Sequenz VII und VIII: 2. Tag

Sequenz IX bis XI: 3. Tag.

114 Die anderen Sequenzen werden von Riefenstahl stets weich in Bild und Ton ausgeblendet.

115 Vom 4. bis zum 10. September 1934.

116 Dieser Vortag kommt bei der Zeiteinteilung von drei Tagen noch hinzu.

fenstahl verdichtet und verkürzt somit die realen Ereignisse auf drei Tage.

(E:9:50) Ein weiterer markanter Eingriff in die Chronologie des Reichsparteitags bildet das Standkonzert (Sequenz 2): Die Kamera zeigt mit einer Totalen die nächtlichen Straßen. Vor ihrem Objektiv wehen stürmisch Flaggen im Wind, es läßt sich nicht entscheiden, ob sie real vorhanden sind oder ob sie nachträglich einkopiert wurden. Ein Fackelzug endet vor dem Hotel Hitlers aus der vorangegangenen Sequenz. Am Fenster erscheint der Führer, der die ganze Szene von oben betrachtet. Für den Zuschauer, der das Hotel aus der vorange-gangenen Sequenz wiedererkennt, scheint das Konzert der Militärka-pelle ein Begrüßungskonzert für den Führer darzustellen. Diese Bilder stammen jedoch vom letzten Tag des Reichsparteitages. Es handelt sich dabei also nicht um ein Begrüßungskonzert, sondern um ein Ab-schiedskonzert und damit um einen dramaturgischen Eingriff Riefen-stahls in die Realabläufe des Reichsparteitages.

Nach Loiperdinger lassen sich diese Realereignisse folgendermaßen re-konstruieren:[117]

---

[117] Loiperdinger: TdW, S. 63ff.

Dat./Urzeit:	Ereignis:	Off.Veranstaltung:[118]
4.9.34/17.30	**-Hitlers Ankunft**[119]	nein
	-Presseempfänge Hanfstaengls und Dietrichs	ja
	-Glockenläuten sämtlicher Kirchen Nürnbergs	ja
	-Empfang der Spitzen von Partei und Staat	ja
	durch Oberbürgermeister Liebel im Rathaussaal	
5.9./morgens	**Aufnahmen vom Zeltlager**	nein
11.00	**-Eröffnung des Parteikongresses**	ja
?	-Kulturtagung im Apollo-Theater	ja
6.9./10.00	**-FAD- Appell**	ja
13.00	**-FAD- Vorbeimarsch**	ja
7.9./morgens	**-Aufnahmen von Nürnberg**	nein
18.00	**-Appell der Politischen Leiter**[120]	ja
8.9./10.00	**-HJ-Appell**	ja
mittags	**-Trachtenzug**	nein
abends	-KdF-Volksfest	ja
nachts	**-nächtliche SA-Veranstaltung**	nein
9.9./8.00	**-SA- und SS-Appell**	ja
11.30	**-SA- und SS-Vorbeimarsch**	ja
10.9./?	**-Vorführung der Reichswehr**[121]	ja
18.00	**-Schlußkongreß**	ja
21.00	**-Standkonzert**	nein

Vergleicht man die hiermit aufgezeigte Chronologie der Ereignisse mit TdW, so erkennt man, daß die Regisseurin ihren dramaturgischen Filmaufbau als wichtiger erachtete als das Anlegen eines genauen Ablaufes des Reichsparteitages. Für Riefenstahl ist das die Formung des Filmmaterial von Nürnberg: „Als 'eigenwillig'- würde ein Beobachter

---

[118] Ebd. : „Als Kriterium für die Bewertung einer Veranstaltung als „offiziell" wurde die Nennung im offiziellen Parteitags-Progamm genommen."

[119] Die fettgedruckten Ereignisse sind in Riefenstahls Film aufgenommen.

[120] Die von mir unterstrichenen Ereignisse entsprechen im Film nicht der tatsächlichen Chronologie des Reichsparteitages. Beim „Appell der Politischen Leiter" gehe ich dabei von Loiperdingers Filmvorlage aus.

[121] Wie besprochen wohl nicht in der Orginalfassung, jedoch in allen Kopien.

sie wohl beurteilen, der mit dem Originalprogramm des Parteitages hinter mir stände."[122] Riefenstahl verdichtet nicht nur, sondern unterschlägt auch offizielle Veranstaltungen dem Zuschauer. Die dargestellten offiziellen Veranstaltungen entsprechen dabei, außer dem „Appell der Politischen Leiter", der realen Chronologie. Bei diesen Ereignissen handelt es sich um sorgfältig „von der Parteitagsregie inszenierte Ereignisse, die nach einer Äußerung von Schirachs (1934) so zum Parteitag gehören „wie die Liturgie zum Gottesdienst"."[123] Freier ging die Regisseurin mit den nicht-offiziellen Veranstaltungen um. Hierbei ging es ihr lediglich darum, eine logische und in sich geschlossene Dramaturgie zu erzeugen, wodurch jedoch einzelne Sequenzen, wie vor allem das Abschiedskonzert (siehe oben), ihren eigentlichen Charakter verlieren.

Nach Leni Riefenstahl kommt es bei TdW also nicht darauf an,"daß alles chronologisch richtig auf der Leinwand erscheinen soll. Die Gestaltungslinie fordert, daß man instinktiv, getragen von dem realen Ereignis Nürnbergs, den einheitlichen Weg findet, der den Film so gestaltet, daß er dem Hörer und Zuschauer von Akt zu Akt, von Eindruck zu Eindruck überwältigender emporreißt. Ich suche die innere Dramaturgie solcher Nachgestaltung. Sie ist da. Sie wird sich auf das Volk übertragen, sobald das Filmmaterial von Nürnberg geformt ist, sobald sich Rede und Sentenz, Massenbild und Köpfe, Märsche und Musiken, Bilder von Nürnbergs Nacht und Morgen so sinfonisch steigern, daß sie dem Sinn von Nürnberg gerecht werden."[124]

---

122 Leni Riefenstahl: Hinter den Kulissen des Reichsparteitagfilms. München 1935, S. 28.

123 Loiperdinger: TdW, S. 64.

124 Leni Riefenstahl: Hinter den Kulissen des Reichsparteitagfilms. Müchen 1935, S. 28, (Riefenstahl: Hinter den Kulissen).

2.2.4. Wolken als metaphysische Motive

Die Wolkensymbolik taucht in „Triumph des Willens" immer wieder auf. Schon zu Beginn des Filmes wird Hitler bei imposanter Wagner-Musik mit diesem mythologischen Motiv eingeführt.[125] Wie ein Gott steigt dabei Hitler aus den Wolken zu seinem Volk herab. Er wirkt wie ein Siegesgott, der sein Volk erlösen und befreien will. Der Text der Original-Inhaltsangabe unterstreicht die Absicht dieser Wirkung:

„Froher Morgen. Sonne liegt über dem Land der Deutschen. Wolken ballen sich, türmen sich zu gigantischen Gebirgen,[126] von silbernen und goldenen Lichtern umkränzt, senken sich,... . Einem phantastischen Aar gleich, durchrast ein Flugzeug die Luft.. . Es ist das Flugzeug, das den Führer jener Stadt entgegenträgt, in der sich das große, stolze, herzerhebende Schauspiel eines neuen Deutschland vollziehen wird... . Unübersehbare Menschenmassen starren zum Himmel. Da - in Wolkennähe, am sonnengoldenen Firmament, zieht der jagende Schatten, wird größer, nähert sich. Donnernd und brausend kreist er über der Stadt. Ein Flugzeug. Ein Flugzeug! Der Führer kommt!"[127]

---

[125] Es handelt sich hier um eine Einstellungsfolge von immerhin acht Einstellungen.

[126] Siegfried Kracauer: Von Caligari zu Hitler. Eine psychologische Geschichte des deutschen Films, Frankfurt am Main 1984: Parallelen zu Riefenstahls Bergfilmen („Berg des Schicksals", „Der heilige Berg", „Die weiße Hölle vom Piz Palü", „Das blaue Licht") sind unverkennbar: „Der Hang zu Wolkenbildern belegt die schließliche Verschmelzung von Berg- und Hitler - Kult" (siehe Abbildung 60). Riefenstahl versuchte bereits in ihrem ersten Film „Das blaue Licht", das Mythische des Berges, in dem in Vollmondnächten ein seltsames blaues Licht aufleuchtet und einen Jüngling in den grausamen Tod lockt, vor allem durch Gegenlicht und Wolkenbänke auszudrücken.

[127] Christa Bandmann, Joe Hembus: Klassiker des Deutschen Tonfilms 1930 - 1960. München 1980, S.98f.

Das „Kommen" des Führers soll als neuer Zeitabschnitt, als neue Zeitrechnung in der deutschen Geschichte verstanden werden. Die Besonderheit dieses Ereignisses wird von Riefenstahl sprichwörtlich in den Himmel gehoben und mythologisch verklärt. Siegfried Kracauer sieht darin auch die Tendenz der Nationalsozialisten, alte deutsche Mythen neu zu beleben.[128] Die Einstellungsfolge deutet er demnach als „Reinkarnation von Allvater Odin, den die alten Arier mit seinen Gästen über die jungfräulichen Wälder toben hörten."[129] Die Absicht der Überhöhung verfolgt auch der Vorspann, indem das stattfindende Ereignis mit subjektiv dargestellten historischen Daten aus der deutschen Geschichte verbunden wird:

> „Am 5. September 1934, 20 Jahre nach dem Ausbruch des Weltkrieges, 16 Jahre nach dem Anfang des deutschen Leidens, 19 Monate nach dem Beginn der deutschen Wiedergeburt, flog Adolf Hitler wiederum nach Nürnberg, um Heerschau abzuhalten über sein(..?)."[130]

Riefenstahl übernimmt damit die nationalsozialistische Geschichtsschreibung, die einen wesentlichen Teil der NS-Propaganda ausmacht.

Die Wolkensymbolik läßt sich auch im weiteren Verlauf des Filmes wiederfinden:

(E:9:50) Beim Standkonzert werden die Soldaten, umgeben von Rauch, im Gegenlicht abgebildet. Dadurch wird eine „stimmungsvolle"[131] Atmosphäre erzeugt, die bei den Dreharbeiten unbeabsichtigt

---

[128] Siegfried Kracauer: Von Caligari zu Hitler. Eine psychologische Geschichte des deutschen Films, Frankfurt am Main 1984, S. 340, (Kracauer: Caligari).

[129] Ebd.

[130] Siehe Vorspann.

[131] Leni Riefenstahl: Memoiren: 1902-1945. Frankfurt/ Berlin 1994, S. 225.

war,[132] im Nachhinein jedoch bestens in das Konzept Riefenstahls passte

Die darauffolgenden Einstellungen vom morgendlichen Nürnberg sind geprägt von Rauch, welcher wolkenähnlich aus den Schornsteinen hervorquillt.

(E:37:51) Die Sequenz des „Appells der Politischen Leiter" beginnt mit einem Blick in die Wolken, von dort schwenkt die Kamera langsam zum Reichsadler hinunter. Die irreale Stimmung der Szene wird durch diese Kameraführung verstärkt, weil sie sich dem realen Zeitablauf entzieht.[133]

Nach der Aufforderung Hitlers zum Gelöbnis, „nur noch zu denken an Deutschland, an Volk, an Reich"[134], wird die Rednertribüne mit dem Reichsadler von einer Dunstwolke verhüllt. Sie erscheint somit auf einer Wolke schwebend dem Geschehen entrückt.

(E:45:46) Besonders intensiv wird die Wolkensymbolik bei der „nächtlichen SA-Veranstaltung" eingesetzt. Die SA-Männer werden in einem Meer von Rauchwolken abgebildet. Wie bei dem Standkonzert[135] werden auch hier die Soldaten zu Silhouetten. Die Bilder erzeugen eine sagenhafte, mystische Atmosphäre.

Einen weiteren Anwendungsbereich erfährt die Wolkensymbolik in der Tendenz Riefenstahls, Gesichter und Gegenstände gegen den Himmel

---

132 Ebd.: Nachdem auf Befehl Görings die Scheinwerfer abgeschaltet wurden, fiel einem Mitarbeiter ein, „daß wir Magnesiumfackeln mitgenommen hatten, die ließ ich anzünden,.....aber ich hatte nicht mit dem verheerenden Rauch gerechnet, den sie entwickelten. Zu spät erkannte ich, was wir angerichtet hatten, aber wir hatten einige stimmungsvolle Aufnahmen bekommen."

133 Siehe 2.1.1.3.2. Kamerapositionen.

134 E: 44: 26.

135 Sequenz II, E: 9: 50.

aufzunehmen. „Diese Großaufnahmen,..., scheinen die Funktion zu haben, Objekte und Geschehen aus ihrer eigenen Umgebung in einen fremden, unbekannten Raum hinauszuheben. Die Dimensionen dieses Raums bleiben jedoch völlig undefiniert. Es ist nicht ohne symbolische Bedeutung, daß Hitlers Gesicht oft vor Wolken erscheint."[136] Mit dem technischen Mittel der Großaufnahme werden die Objekte der Kamera aus ihrem Zusammenhang gelöst, um danach durch die Wolkensymbolik erhöht zu werden. Die Erhöhung der jeweils dargestellten Person wird bei den Szenen mit Adolf Hitler zum Prinzip.

2.2.5. Der Führer-Mythos

Grundlage zur Verfilmung des Führer-Mythos ist die dominante Präsenz Hitlers auf der Leinwand. In TdW besetzt der Führer etwa ein Drittel der Filmbilder. Außerdem beanspruchen seine Reden etwa ein Fünftel der Tonspur und damit zwei Drittel der Gesamtredezeit.[137] Eine weitere Grundlage ist die Erwartungshaltung der Zuschauer:

> „Noch nie haben wir das Gesicht unseres Führers so nah gesehen, noch nie haben wir in seinen Zügen so forschen dürfen, noch nie haben wir soviel in seinen Augen gelesen[...]"[138]

Das Fehlen dieser Haltung, die Loiperdinger mit der Formel, „Wir wollen unseren Führer sehen!"[139], umschreibt, ist auch ein Grund dafür, daß TdW im Ausland als ermüdend empfunden wurde.

---

136 Kracauer: Caligari, S. 355.
137 Loiperdinger: TdW, S. 68.
138 Ewald von Demandowski: Der Reichsparteitagsfilm. Ein einmaliges Erlebnis in einmaliger Gestaltung, in: VB, Berliner Ausgabe vom 29.3.1935.
139 Loiperdinger: TdW, S. 69.

Demnach sollte die Darstellung des Führer-Mythos in TdW von seinem historischen und gesellschaftlichen Hintergrund aus interpretiert werden.

2.2.5.1. Historische und gesellschaftliche Grundlagen des Führer-Mythos

Das gesellschaftliche Wunschbild von einem begnadeten und großen Führer reicht weit in die deutsche Geschichte zurück. In der Weimarer Republik bekamen diese oft noch monarchistischen Vorstellungen eine pseudo-demokratische Komponente:"Der Führer sollte nicht ein vom Volk losgelöster Monarch oder Diktator, sondern eine den Volkswillen verkörpernde Figur sein."[140] Außerdem entwickelte sich in Teilen des deutschen Protestantismus eine pseudo-religiöse Ausprägung des Führer-Mythos, die durch den traditionellen kirchlichen Autoritätsglauben und der Säkularisierung christlicher Heilsvorstellungen begünstigt wurde. Diese Ausprägung vollzog sich nach der „Machtergreifung" zunehmend auch in der gesamten Bevölkerung. In diesem Sinne schrieb Beuth in einem Gedicht mit dem Titel „Die Nation erwacht":

> „Nun hat uns die Gottheit den Retter gesandt,
>
> Die Not hat ein Ende genommen,
>
> Freude und Jubel durcheilen das Land:
>
> Der Frühling ist endlich gekommen[...]"[141]

Die Veränderungen während des sogenannten „Hitler-Frühlings" wurden von der NS-Propaganda zur nationalen Wiedergeburt hochstilisiert. Bei einem Großteil der Bevölkerung wurde Hitler aber zum

---

[140] Ian Kershaw: Der Hitler-Mythos. Volksmeinung und Propaganda im Dritten Reich, Stuttgart 1980, S.26, (Kershaw: Hitler-Mythos).

[141] W. Beuth: Der deutsche Hitler-Frühling. Die Wiederaufrichtung Deutschlands durch den Volkskanzler des Deutschen Reiches Adolf Hitler, Frankfurt am Main 1933, S.9.

Symbol der Einheit und des Aufschwungs Deutschlands. Auch wenn sich dieser Aufschwung im wirtschaftlichen Bereich selten in dem Maße realisierte, wie es die NS-Propaganda glaubhaft machen wollte, so war das Bedürfnis nach der Heilsgestalt des Führers in der Bevölkerung stetig angewachsen.[142] Je mehr sich die Realität von den Versprechungen der Nationalsozialisten entfernte, desto wichtiger wurde das psychologische Bedürfnis nach dem Wunschbild Hitler in der Bevölkerung. „Der ‚wenn-das-der-Führer-wüßte'- Aberglaube, fungierte als Ventil für die Unzufriedenheit zahlreicher Volksgenossen und zugleich als Sicherheitsventil für das Regime."[143] Daran konnte auch Hitlers Vorgehen bei dem sogenannten Röhm-Putsch nichts mehr ändern. Im Gegenteil, Hitlers Massaker wurde als „tatkräftiges Handeln"[144] angesehen. Die Sympathie und das Vertrauen gegenüber Hitler war in der Bevölkerung größer als die juristischen und moralischen Bedenken. Daß sich Hitler zum Richter über Leben und Tod gemacht hatte, ohne seinen Opfern die Möglichkeit zur Rechtfertigung zu geben, wurde in weiten Teilen der Bevölkerung mit Zustimmung bedacht.[145] Ein weiteres Ereignis vor dem Reichsparteitag zur Festigung des Führer-Mythos war der Tod Hindenburgs (2.8.1934). Damit konnte Hitler den nationalen Mythos der Vergangenheit auf sich vereinen, wie es im Film „TdW" eindrucksvoll dargestellt wird.[146] Durch die darauf folgende Abschaffung des Amtes des Reichspräsidenten und die Einführung eines persönlichen Treueeids von Beamten und Reichswehrsoldaten auf Hitler wurde seine Machtstellung grenzenlos ausgebaut. In einem Plebiszit (19.8.34) wurde diese Verfassungsänderung bestätigt[147] und Hit-

---

142 Kershaw: Hitler-Mythos, S. 61, a. a. O.

143 Ebd. , S.89.

144 Ebd. , S.75.

145 Ebd. , S.80.

146 Siehe 2.2.5.2. Gleichsetzungen und Hierarchie!

147 Amtliches Endergebnis: 84,6 Prozent „Ja"- Stimmen.

ler damit vom deutschen Volk zum unumschränkten Führer legitimiert. Nach der NS-Propaganda war damit die Einheit zwischen Volk
und Führer vollendet. In diesem Sinne erklärte Otto Dietrich zum Ge-
burtstag des Führers 1935:

> „Wir sehen[...]in ihm das Sinnbild der unzerstörbaren Lebenskraft der
> deutschen Nation, das in Adolf Hitler lebendige Gestalt geworden
> ist."[148]

2.2.5.2. Der Führer als „Messias"[149] in TdW

(E:1:00) Der aus den Wolken kommende Führer wird auf dem Weg zu
seinem Hotel von jubelnden Menschenmassen empfangen. Hitler
nimmt mit erhobenem rechten Arm die Huldigungen des Zuschauer-
spaliers entgegen. Die Fahrt wirkt wie der Einzug eines neuen Messias
in seine Stadt. Einmal stoppt die Wagenkolonne, eine Frau mit ihrem
Kind tritt an des Führers Wagen heran und überreicht ihm einen
Strauß Blumen. Nach dieser Szene werden einige Großaufnahmen von
enthusiastischen Gesichtern aus der Menge eingefangen. Damit wird
die Nähe des Führers zu jedem einzelnen deutlich, jeder einzelne ist
angesprochen und betroffen von der Anwesenheit des Führers. Auch
die Erwartungshaltung des Volkes, „wir wollen unseren Führer sehen!"[150], entspricht den Vorstellungen der Messiaserwartung. Hitler
wird meist von hinten abgebildet, so daß der Kinobesucher den Eindruck bekommt, sich in unmittelbarer Nähe hinter Hitler zu befinden.

> „In Groß- und Nahaufnahmen von einer Lichtglorie ähnlich einem
> Heiligenschein umstrahlt, mit erhobenem rechten Arm, Handfläche
> nach vorn weisend in einer Pose, die an den Heiland der christlichen

---

148 Kershaw: Hitler-Mythos, S.46.

149 Der Begriff Messias ist hierbei theologisch nicht eng zu fassen.

150 Sprechchor am Ende der Szene.

Ikonographie erinnert, ist der Führer und Reichskanzler Adolf Hitler filmisch idealisiert zum vom Schicksal auserkorenen Messias der Nation".[151] Hierbei verwendet Riefenstahl die subjektivierende Montage[152], um den Zuschauer in den Standpunkt des Akteurs zu versetzen. Der Kinobesucher wird also nicht nur durch die Massen in Begeisterung versetzt, sondern auch selbst durch seinen neuen Standpunkt erhöht. Er kann damit aktiv teilhaben an der neuen Welt des neuen „Messias". „So also sieht das neue Deutschland von heute und morgen aus, das in mystischer Begeisterung seinen neuen Gott huldigt."[153]

Während sich um Hitler alles bewegt, schreit und in hysterischer Unruhe befindet, wird Hitler selbst monumental und unbeweglich dargestellt. Bei seiner Person findet die Kamera ihren Ruhepol. Seine allumfassende Größe und Erhabenheit gibt dem Zuschauer ein Gefühl von Sicherheit und Ewigkeit, worauf er sein Vertrauen gründen kann, um sich vorbehaltlos dem Befehl Hitlers zu überantworten.

(E:37:51) Beim „Appell der politischen Leiter" wird Hitler während seiner Rede mit einem „Schräg-Standpunkt" der Kamera vor einem Licht dargestellt. Dadurch wird er von einem Lichtkranz umgeben und erscheint somit dem Zuschauer in dieser nächtlichen Szene als das Licht in der Dunkelheit. Die irrationale Stimmung wird durch den „Schräg-Standpunkt" der Kamera und seiner Worte verstärkt:

„Es wird nicht so etwas aus Nichts, wenn diesem Werden nicht ein großer Befehl zugrunde liegt, und den Befehl gab uns kein irdischer Vorgesetzter, den gab uns der Gott, der unser Volk geschaffen hat."[154]

---

151   Loiperdinger: TdW, S. 89.
152   Siehe 2.1.1.3.3. Filmschnitt (Montage).
153   Pierre Cadars und Francis Courtade: Geschichte des Films im Dritten Reich. München 1975, S. 57.
154   Siehe Film.

Bei diesen Worten werden Bilder mit Symbolcharakter miteinander kombiniert, weswegen man hierbei von einer metaphorischen Montage sprechen kann.

Bis zu den Worten „ein großer Befehl zugrunde liegt," macht die Kamera einen langsamen Schwenk[155] von dem Fahnenmeer hinauf zum überdimensionalen und hell erleuchteten Reichsadler. Bei den Worten „den gab uns der Gott, der unser Volk geschaffen hat." schwenkt die Kamera langsam in extremer Untersicht von dem erleuchteten Reichsadler zu den Hakenkreuzfahnen und präsentiert dem Zuschauer damit offenbar den gerade genannten „Gott"(Reichsadler) und das von ihm geschaffene „Volk" (Hakenkreuzfahnen). Sich selbst sieht Hitler als Stellvertreter dieser Macht auf Erden. Er ist der Vermittler oder Gesandte des über ihm plazierten Reichsadlers als Symbol für seinen Gott[156] und des unter ihm stehenden Volkes.

(E:60:03) Ein weiteres Beispiel für die religiöse Überhöhung Hitlers bietet die Totenehrung. Diese Szenenabfolge bezeichnet Loiperdinger als „Höhepunkt der Totenandacht", die sich durch den gesamten Film zieht.[157]

Zu Beginn der Sequenz wird der Reichsadler mit Hakenkreuz bildfüllend abgebildet. Mit einer Doppelbelichtung des Filmmaterials schafft Riefenstahl dabei den direkten Übergang zur Vermittlerrolle Hitlers. Der hell erleuchtete Mittelstreifen, auf dem Hitler in Begleitung von Himmler und Lutze, dem Stabschef der SA, vorbei an den gewaltigen Menschen-Karrees der SS und SA zum Ehrenmal schreitet, bekommt durch diesen technischen Eingriff eine metaphysische Funktion. Der

---

155 Bedeutung siehe 2.1.1.3.2. Kamerapositionen.
156 Der Begriff „Gott" sollte hierbei als überirdische Macht oder Kraft verstanden werden.
157 Loiperdinger: TdW, S. 82.

Weg zum Ehrenmal erscheint dem Zuschauer bei dieser Doppelbelichtung dem irdischen Raummaß entrückt. Die religiöse Hierarchie ist hierbei unverändert[158] geblieben. Der von Gott Gesandte übernimmt dabei jedoch noch zusätzlich die Vermittlerrolle zwischen Gott und den Toten. Während der stummen Zwiesprache Hitlers mit den Toten verstummt die Musik. Hitler empfängt hierbei das „Vermächtnis der Toten, um es dann in Form unumstößlicher Befehle weiterzureichen an die Lebenden."[159] Wie bei der Sequenz VI. legitimiert auch in dieser Szene Hitler seine Macht durch seine Verbindung mit den überirdischen Mächten. Mit der Exklusivität dieser Verbindung demonstriert Hitler die Exklusivität seines Führertums.

Mit dem Totenkult verbindet sich aber auch die Verpflichtung, im Gedenken an die gefallenen Kameraden sein eigenes Leben unter dem Befehl des Führers für Deutschland einzusetzen. In der nachfolgenden Rede wird diese Treue zum Führer wiederholt beschworen und gefordert. Diese „Treue zum Führer heißt die Bereitschaft zum Sterben für Deutschland. Das ist, auf einen Nenner gebracht, die politische Botschaft von TdW."[160]

(E:49:18) Bei Hitlers Rede vor der Hitlerjugend hat Riefenstahl um das Rednerpult eine Kurvenbahn konstruiert. Die für die Kamera damit mögliche Umfahrt erzeugt beim Zuschauer durch die Verschiebung von Vorder-, Mittel- und Hintergrund eine Art Raumillusion. Dieses Mittel wird bei den biblischen Worten,"[...]und ich weiß, das kann nicht anders sein, denn ihr seid Fleisch aus unserem Fleisch und Blut von unserem Blut[...]", angewandt. Der dunkle Hintergrund des Tribünendachs verschwindet dabei, so daß um Hitler nur noch freier

---

158 Vgl. Sequenz „Appell der Politischen Leiter".
159 Loiperdinger: TdW, S. 82.
160 Ebd., S. 83.

Himmel zu sehen ist. Dadurch entsteht der Eindruck, als würde Hitler den Massen entgegenschweben.

(E:1:11:08) Bei der Parade zeigt sich die metaphysische Stellung Hitlers, indem die Bildausschnitte derart ausgewählt wurden, daß die Truppen scheinbar unter dem ausgestreckten Arm des „Erwählten" hindurchmarschieren. Bei allen anderen Einstellungen blickt die Kamera meist von unten nach oben zu Hitler hinauf und stellt ihn dadurch mit dem Himmel im Hintergrund bei Halbnah- und Naheinstellungen erhaben, heroisch und überlegen dar. Die Massen werden von der Kamera von oben nach unten von dem erhobenen Standpunkt Hitlers dargestellt. Der „auserwählte Führer" nimmt also auch in dieser Sequenz die Position zwischen Himmel und Erde ein. Dabei wirkt sein Gruß auch hier, indem er seinen Arm über die Truppen schwenkt, wie eine Art Segen.

(E:1:28:44) Der abschließende Schlußkongreß beginnt wieder[161] mit dem Dreischritt Reichsadler-Hitler-Volk. Eine einstimmende Einstellung zeigt den unbeleuchteten Reichsadler von unten. Als Hitler den Saal betritt, wird dieses Symbol beleuchtet. Der Führer bringt also auch hier das Licht in die Dunkelheit des Saales. Wenn man den Schlußkongreß mit einem „Schlußgottesdienst" vergleicht, kann man folgende äußere Übereinstimmungen feststellen:

Beim Einzug Hitlers wird die Luitpoldhalle, „das Gotteshaus", beleuchtet. In den Bänken lauscht das ergriffene Volk, die „Gemeinde", der „Predigt", welche der Sprecher vom Rednerpult, der „Kanzel", spricht. Das Rednerpult ist geschmückt mit Blumen. Die Gebetshaltung der „Gemeinde" ist der Hitlergruß. Hitler, der hier auch die Rolle des „Priesters" übernimmt, beginnt seine Rede mit einem andächtigen Abwarten. Die Heilrufe als Bestätigung der Worte des Führers sind vergleichbar mit dem „Amen" der „Gemeinde". Während seiner Rede schaut Hitler meist über seine Zuschauer hinweg nach oben. Vom Saal aus betrachtet erscheint die Redetribüne, mit einer Totalen gezeigt, hell erleuchtet. Beinahe zufällig schwenkt die Kamera über einen tatsächlichen Kirchendiener, der andachtsvoll den Worten des Redners folgt. Bewegt und immer wieder von Heilrufen unterbrochen, predigt der Führer seine politischen Prophezeiungen. Bei den Worten, „[..]wir können glücklich sein zu wissen, daß diese Zukunft restlos uns gehört[..]", reißt Hitler die Arme hoch und schaut nach oben. Eine ähnliche Gestik findet sich bei folgenden Worten:

> „Die Partei wird in Zukunft die politische Führungsauslese des deutschen Volkes sein. Sie wird in ihrer Lehre unveränderlich, in ihrer Organisation stahlhart, in ihrer Taktik schmiegsam und anpassungsfähig, in ihrem Gesamtbild aber wie ein Orden sein."[162]

Bei seinem Vergleich der Partei mit einem Orden blickt er ergriffen in den Himmel, als bekäme er von dort seinen göttlichen Auftrag. Die darauf folgende Einstellung zeigt in Untersicht das Symbol der Bewegung: das Hakenkreuz. Damit finden die beschworenen göttlichen Kräfte im Symbol der Bewegung ihren Endpunkt und symbolischen Ausdruck. Auch wenn Hitler nach vorne schaut, bekommt der Kinobesucher durch die Darstellung des Hakenkreuzes in der Untersicht den Eindruck, als würde er zum Hakenkreuz hinaufschauen. Hitlers einzigartige Verbindung zu den höheren Mächten erreicht somit in dieser Sequenz ihren Höhepunkt.

---

[161] Vgl. SA- und SS- Appell.

[162] E:1:37:10.

2.2.5.3. Gleichsetzungen und Hierarchie in TdW

Der folgende Abschnitt ist ein Paradebeispiel für Riefenstahls moderne und in ihrer psychologischen Wirkung äußerst effektive Montagetechnik. Hierbei werden dem Zuschauer meist durch die metaphorische Montage oder Assoziations-Montage[163] Assoziationen vermittelt, die Gleichsetzungen hervorrufen.

(E:21:50) Rudolf Heß eröffnet den Parteikongreß (sitzende Menge von oben)[164] „mit dem ehrfurchtsvollen (Schwenk über Sitzreihen) Gedenken an den in die Ewigkeit(die Sitzreihen hinter Heß erheben sich) eingegangenen Generalfeldmarschall und Reichspräsidenten von Hindenburg (langsamer Schwenk von Standarten zu großem Hakenkreuz). Wir gedenken des Generalfeldmarschalls als des ersten (Menge) Soldaten (Soldat mit Stahlhelm) des großen Krieges (Stuhlreihe mit Hitler) und gedenken damit zugleich unseren gefallenen Kameraden (Schwenk über Hakenkreuz und Standarten).“

Damit setzt Riefenstahl den Vertreter des „2. Reiches“ mit dem Symbol des „3. Reiches“ gleich, stellt also den NS in die Tradition der alten deutschen Geschichte. Umgekehrt wird die nationalgeschichtliche Bedeutung Hindenburgs mit der Gegenwart des Nationalsozialismus verschmolzen. Die Gleichsetzung Hindenburgs mit dem Hakenkreuz macht ihn zur „Vorstellung von Deutschland überhaupt“[165]. Mit dem Einschneiden Hitlers in die Einstellungsfolge bei den Worten „des großen Krieges“ wird die Weltkriegstradition auf Hitler vereinigt. Die Tradition und Geschichte wird damit auf Hitler übertragen. Er ist dadurch mit filmischen Mitteln zum Nachfolger Hindenburgs legitimiert und somit die neue Verkörperung Deutschlands. Die filmisch vollzo-

---

163 Siehe 2.1.1.3.3. Filmschnitt!
164 Bildinhalte bei den jeweiligen Worten.
165 Loiperdinger: TdW, S. 84.

gene Gleichsetzung wird danach von Heß mit folgender Formel wiedergegeben:

„Sie [Hitler, Anmerkung des Verfassers] sind Deutschland. Wenn Sie handeln, handelt die Nation, wenn Sie richten, richtet das Volk".

Bei diesen Worten wendet Riefenstahl die Schnitt-Gegenschnitt-Technik zwischen Heß und Hitler an. Während des Applauses fährt die Kamera hinauf zum riesigen Leitspruch „Alles für Deutschland", woraus sich nach der Formel von Heß „Alles für Hitler" ableiten läßt. Dies wird dann auch von Heß mit dem Treuegelöbnis auf Hitler zum Ausdruck gebracht:

„Unser Dank ist das Gelöbnis, in guten und in bösen Tagen zu Ihnen zu stehen, komme was da wolle."

(E:30:57) Bei dem Sprechchor des Arbeitsdienstes „Hier stehen wir, wir sind bereit und fahren Deutschland in die neue Zeit - Deutschland!" schneidet die Bildregie bei dem letzten „Deutschland"-Ruf den Führer ein. Bei den Worten: „Ein Volk, ein Führer, ein Reich - Deutschland!" werden mit der Kamera folgende Gleichsetzungen durchgeführt:

„Ein Volk" - ein einzelner Fahnenträger, welcher das Aufgehen des Einzelnen im Ganzen des Staates symbolisiert

„ein Führer" - Hitler

„ein Reich" - Reichsadler

„Deutschland" - Hakenkreuz

Hierbei handelt es sich um eine aufsteigende Hierarchie, die in „Deutschland" ihr Endziel hat. Durch die filmische Gleichsetzung „Deutschlands" mit Hitler in der darauffolgenden Szene (E:33:22) ist der „Führer" nicht nur Mittelpunkt der Hierarchie, sondern auch dessen Richtung oder Endziel. Hitler ist damit Weg und Ziel zugleich.

(E:1:28:44) Die Gleichsetzung Hitlers mit Deutschland wird auch bei den triumphierenden Schlußworten von Heß zum Ausdruck gebracht:

„Die Partei ist Hitler - Hitler aber ist Deutschland, wie Deutschland Hitler ist."

Damit vereint sich in Hitler nicht nur das Ideal oder der Ersatzgott (Deutschland), sondern auch die Partei, als stellvertretende Elite des Volkes. Alles bezieht sich auf Hitler. Hitler ist Vergangenheit[166], Gegenwart und Zukunft. **Hitler ist schlechthin alles oder besser alles ist Hitler.**

2.2.6. Zusammenfassung

Mit „Triumph des Willens" erreichte die Selbstinszenierung Hitlers und damit die Verkörperung der NS-Ideologie ihren Höhepunkt. Danach brauchte kein Film mehr über Hitler gedreht werden, weil er in diesem Film so dargestellt wurde, wie er gesehen werden wollte. Leni Riefenstahl hatte die Wünsche der Nationalsozialisten in Bilder gefaßt und somit der NS-Filmpropaganda ihr Wunschbild geschaffen. Sie konnte für Hitler einen künstlerischen und zugleich politischen Film machen, weil sie in ihren Vorstellungen von Kunst und Politik mit Hitler für diesen Zweck weitgehend übereinstimmte.

Riefenstahl bekam für ihren Film neben internationalen Auszeichnungen auch den nationalen Filmpreis 1934/35 von Goebbels mit folgenden Worten zuerkannt:

„Dieser Film stellt eine große Leistung im gesamtfilmischen Schaffen des Jahres dar. Er ist zeitnah, weil er die Zeit darstellt: er bringt in monumentalen, nie gesehenen Bildern das hinreißende Geschehen unseres politischen Lebens. Er ist die große filmische Vision des Führers,

---

166 Siehe oben: Eröffnung des Parteikongress.

der hier zum ersten Male bildlich in nie gesehener Eindringlichkeit in die Erscheinung tritt."[167]

Leni Riefenstahl hat in „Triumph des Willens" durch filmtechnische Mittel erreicht, Adolf Hitler zum unumstrittenen Führer zu legitimieren, indem sie ihn zu einer politischen Heilandsfigur erhöhte.

Die Macht ihrer Bilder wird besonders im Kapitel ihrer filmischen „Gleichsetzungen" deutlich. Hier wird auf das Unterbewußtsein abgezielt, gegen das der Betrachter sich weniger wehren kann. Damit sind Hitlers Vorstellungen von Propaganda erfüllt.[168] Ohne Worte wird der Zuschauer in eine Stimmung versetzt und verläßt dabei den Kinosaal mit einem bestimmten Eindruck, den er durch Worte nicht erklären kann. Die Macht dieser Bilder drückt oft mehr aus als die Reden der Nationalsozialisten.

---

[167]   Erwin Leiser: „Deutschland erwache". Propaganda im Film des Dritten Reiches, 3. Aufl. Reinbeck 1989, S. 125.
[168]   Siehe 2.1.2.1. Allgemeine Ausführungen zur Propaganda!

2.3. Das Feindbild der NS-Filmpropaganda am Beispiel von Veit Harlans „Jud Süß"

„Seine Wucherzinsen erregen endlich Widerstand, seine zunehmende sonstige Frechheit aber Empörung, sein Reichtum Neid.. . Seine blut-saugerische Tyrannei wird so groß, daß es zu Ausschreitungen gegen ihn kommt... In Zeiten bitterster Not bricht endlich die Wut gegen ihn aus, und die ausgeplünderten und zugrunde gerichteten Massen greifen zur Selbsthilfe, um sich der Gottesgeißel zu erwehren. Sie haben ihn im Laufe einiger Jahrhunderte kennengelernt und empfinden schon sein bloßes Dasein als gleiche Not wie die Pest.. . In dem Maße, in dem die Macht der Fürsten zu steigen beginnt, drängt er sich immer näher an diese heran. Er bettelt um 'Freibriefe' und 'Privilegien', die er von den stets in Finanznöten befindlichen Herren gegen entsprechende Bezahlung gerne erhält.. . So führt seine Umgarnung der Fürsten zu deren Verderben.. . Der Jude weiß ihr Ende genau und sucht es nach Möglichkeit zu beschleunigen. Er selber fördert ihre ewige Finanznot, indem er sie den wahren Aufgaben immer mehr entfremdet, in übelster Schmeichelei umkriecht, zu Lastern anleitet und sich dadurch immer unentbehrlicher macht. Seine Gewandtheit, besser Skrupellosigkeit in allen Geldangelegenheiten versteht es, immer neue Mittel aus den aus-geplünderten Untertanen herauszupressen, ja herauszuschinden.. . So hat jeder Hof seinen 'Hofjuden'- wie die Scheusale heißen, die das liebe Volk bis zur Verzweiflung quälen...""

> Adolf Hitler in „Mein Kampf" zur Stellung des Juden im 18. Jahrhundert[169]

---

[169] Pierre Cadars und Francis Courtade: Geschichte des Films im Dritten Reich. München 1975,   S. 186.

55

2.3.1. Hinführung zum Thema

„Der von mir inszenierte Film war aber nicht so angelegt, daß er die Menschen auf die Seite der Antisemiten rief.", behauptete Veit Harlan in seinen Memoiren.[170] Vor den Dreharbeiten des Films hatte sich der Regisseur über die antisemitische Typologie von „Jud Süß" jedoch noch folgendermaßen geäußert:

> „Ich zeige das Urjudentum, wie es damals war und wie es sich heute noch ganz rein in dem einstigen Polen erhalten hat. Im Gegensatz zu diesem Urjudentum steht nun der Jud Süß, der elegante Finanzberater des Hofes, der schlaue Politiker, kurz der getarnte Jude."[171]

Veit Harlans exemplarische Darstellung des Jud Süß, als Inbegriff der NS-Feindbildpropaganda, entspricht exakt Adolf Hitlers Ausführungen über die Juden im 18. Jahrhundert in „Mein Kampf"[172]. Die beiden Feindbilder stimmen derart überein, daß man den oben zitierten Text nahezu als Inhaltsangabe von „Jud Süß" betrachten könnte. Wahrhaftig erreichte die antisemitische Filmpropaganda der NS-Zeit mit der Veit Harlan Produktion „Jud Süß" ihren Höhepunkt. Mit über zwanzig Millionen Zuschauern[173] gehörte der Film zu den zehn erfolgreichsten Filmen der Jahre 1941-1942. Ein Einspielergebnis von 6,2 Millionen Mark machte ihn zu den größten kommerziellen Erfolgen

---

[170] Veit Harlan: Im Schatten meiner Filme. Gütersloh 1966, S.114. Siehe dazu auch: Siegfried Zielinski: Veit Harlan. Analysen und Materialien zur Auseinandersetzung mit einem Film-Regisseur des deutschen Faschismus, Frankfurt am Main 1981.

[171] Der Film Nr.3 v. 20.1.1940, S.3.

[172] Siehe oben.

[173] Stephen Lowry: Pathos und Politik. Ideologie in Spielfilmen des Nationalsozialismus, Tübingen, 1991, S.271. Der Film kostete außerdem nur 1,9 Mill. RM und konnte 6,2 Mill. einspielen.

während des Krieges.[174] Inwieweit der Film bezüglich seiner antisemitischen Zielrichtung ein „Erfolg" wurde und wie dies dramaturgisch und inhaltlich erreicht wurde, soll in dem folgenden Teil meiner Arbeit geklärt werden. Die Sequenzen des Films sollen dabei ihrer Reihenfolge nach bezüglich ihrer Rollengestaltung, Regie, Kameratechnik, Musik und Schnitt interpretiert werden.

2.3.2. Regie und Darsteller

Uraufführung: 24.9.1940

Zensur: 6.9.1940

Spielleitung: Veit Harlan

Drehbuch: Veit Harlan, Eberhard Wolfgang Möller, Ludwig Metzger

Bild: Bruno Mondi

Musik: Wolfgang Zeller

Schnitt: Friedrich Carl von Puttkammer, Wolfgang Schleif

Regieassistenz: Wolfgang Schleif, Alfred Braun

Produktionsleitung: Otto Lehmann

Prädikate: „staatspolitisch und künstlerisch besonders wertvoll" und „jugendwert"

Darsteller

Ferdinand Marian: Jud Süß

Heinrich George: Herzog Karl Alexander

Hilde von Stolz: seine Gemahlin

Werner Krauß: Rabbi Loew, Levy, alter Greiß und Schächter

Eugen Klöpfer: Sturm

Kristina Söderbaum: dessen Tochter Dorothea

Malte Jaeger: Faber, Dorotheas Bräutigam

---

[174]   Pierre Cadars und Francis Courtade: Geschichte des Films im Dritten Reich. München 1975,   S. 185.

Albert Florath: Obrist Röder
Theodor Loos: von Remchingen

2.3.3. Vorspann

Im Vorspann (E:00:00) ertönen abwechselnd die Stimme eines jüdischen Sabbatsängers und die ersten Takte des deutschen Liedes „All mein Gedanken, die ich hab, sind bei dir" und zwar so, daß das jüdische Motiv das „arische" stellenweise mißtönend überlagert. Schon hier beginnt die rivalisierende Auseinandersetzung zwischen Juden und Nichtjuden, die im gesamten Film in pervertierten Kontrasten fortgeführt wird. Diese Schwarzweißmalerei macht die extremen antisemitischen Absichten des Filmes deutlich. „Jud Süß" sollte dem Zuschauer klarmachen, daß es zwischen Juden und Nichtjuden keine Gemeinsamkeit geben könne, weil der Jude kein Mensch wie der Arier, sondern ein Lebewesen außerhalb ethischer Maßstäbe sei. „Veit Harlan[...] will mit der fast reportagehaften Tatsachenschilderung die Wahrheit zeigen, den Unterschied im Urgrund des Denkens, Empfindens und Handelns, der niemals eine Brücke schlagen läßt zwischen Ariertum und Judentum, der sie zu Feinden von Anbeginn an gemacht hat[....]"[175]

Vor dem Insert wird im Zwischentitel des Filmes darauf hingewiesen, daß „die im Film geschilderten Ereignisse auf geschichtlichen Tatsachen beruhen."[176] Das Drehbuch war angeblich „in erster Linie auf Grund eines genauen Prozeßaktenstudiums im Württembergischen Staatsarchiv entstanden."[177] Die Darstellung von Selma Stern,[178] die

---

[175] Albert Schneider:...auf daß ihnen viel Leid erspart bleibe!- In: Filmwelt Nr. 15, vom 12.4.1940.

[176] Siehe Film.

[177] Jud Süß ohne Maske, in: Hamburger Tageblatt v. 18.11.1939. Zit. nach: Film- und Mode-Revue Nr.10 (1. Maiheft) 1952, S.4f.

sich auf diese Akten stützt, weicht jedoch ganz erheblich von dem Resultat der Drehbuchautoren Veit Harlan, Eberhard Wolfgang Möller und Ludwig Metzger ab. Der Lebensweg des historischen Juden Süß läßt sich demnach[179] folgendermaßen darstellen:

Joseph Süß Oppenheimer wurde gegen Ende des 17. Jh. als Kind jüdischer Eltern in Heidelberg geboren. Er ging in jungen Jahren nach Wien und betrieb zwischen 1717 und 1735 ein gutgehendes Wechselgeschäft und einen Warenhandel. 1732 lernte er den Prinzen Karl Alexander von Württemberg kennen, der oft in Geldverlegenheit war und Süß zu seinem Hof- und Kriegsfaktor und Schatullverwalter ernannte und ihm zu diesem Zweck völlige Zoll-, Maut-, Brücken-, Weg-Aufschlag- und Geleitsfreiheit gewährte. Als Karl Alexander die Nachfolge des Herzogs von Württemberg antrat, berief er Süß an seinen Hof. Obwohl seit 1498 der Aufenthalt für Juden in Württemberg verboten war, waren „Hofjuden" nichts Ungewöhnliches. Süß konnte zudem ein paar jüdische Familien bei sich unterbringen. Karl Alexander fühlte sich in seinen absolutistischen Machtvorstellungen durch die Landstände in seinen Rechten eingeengt. Die Landstände des protestantischen Württemberg wiederum mißtrauten ihrem zum Katholizismus konvertierten Herrscher und versagten ihm daher die Unterstützung seiner kriegerischen Pläne. Durch eine geschickte Finanzpolitik konnte Süß dem Herzog die gewünschten Geldmittel verschaffen und ihn unabhängig von den Ständen machen. Der Herzog belohnte Süß 1737 unter anderem mit einem Dekret, das ihn „von der Verantwortung für alle vergangenen und zukünftigen Handlungen" freisprach. Als der Herzog einen Staatsstreich zu planen versuchte, löste Süß seine geschäftlichen Beziehungen zum Hof und warnte heimlich die Landstände. In der Nacht vor dem geplanten Umsturz erlag Karl Alexander

---

178   Selma Stern: Jud Süß. Berlin 1929.
179   Hierbei auch: Curt Elwenspoek: Jud Süß Oppenheimer. Stuttgart 1926.

jedoch einem Schlaganfall. Süß konnte fliehen, wurde dann aber gestellt und von der aufgebrachten Bevölkerung beinahe gelyncht. Während der Haft verfiel Süß zu einem „gebückten, weißhaarigen Mann, der seine Kleidung auffallend vernachlässigte".[180] Die schlechte Behandlung, die Folter, wiederholte Bekehrungsversuche durch übereifrige katholische Geistliche bewirkten in Süß eine religiöse Einkehr, die ihn zum Judentum zurückführte. Nach einem Prozeß, der, wie die Akten verraten, allem Recht und aller Gerechtigkeit Hohn sprach, wurde Süß zum Tode verurteilt. Vergebens beteuerte Süß seine Unschuld und verfluchte seine Richter. Als er am 4. Februar 1738 die Stufen der Leiter zum Galgen emporstieg, wiederholte er unablässig die jüdischen Gebetsworte des „Schma Isroel", die von gläubigen Juden in der Todesstunde gesprochen werden.

2.3.4. Eine „deutsche" Wohnstube (E:03:00)

Die „deutsche Wohnstube" stellt einen klaren Kontrast zu der vorangegangenen Szene am Hof und der folgenden Szene in der Judengasse dar. Dorothea Sturm und Karl Faber werden in ihrer ersten Szene noch im trauten Glück bei Hausmusik dargestellt. Von ihrem Bräutigam am Cembalo begleitet, singt Dorothea gefühlsbetont und mit kindlicher Stimme zum ersten Mal das im weiteren als ihr Leitmotiv fungierende Volkslied. Dorothea bedankt sich danach artig bei ihrem Mann und bricht ängstlich einen Kuß mit ihm ab, als ihr Vater nach Essen ruft. Die blonde Schwedin ist ausgestattet mit allen Merkmalen des nazistischen Schönheitsideals. In ihrem weißen Rüschenkleid verkörpert sie die reine unbescholtene Frau, die durch ihr kindliches Auftreten naiv und wehrlos wirkt. Durch die Besetzung der Rolle mit der Schauspielerin Kristina Söderbaum ist bereits die Ausrichtung der Dorothea-Figur grundgelegt. Als Opfer tragischer Liebeskonflikte und

---

[180] Selma Stern: S. 166.

harter Schicksalsschläge war sie dem deutschen Publikum aus einigen Melodramen bekannt, die mit dem kathartischen Selbstmordgang ins Wasser endeten. Außerdem verkörpert Dorothea mit ihrem hausmütterlichen Auftreten aus nationalsozialistischer Sicht die ideale Gattin. Sie geht ihren Pflichten als Hausfrau nach und verehrt ihren Bräutigam. Ihr Vater (Sturm) ist für sie eine unangefochtene Autorität, für den sie sich blitzschnell aus den Armen ihres Geliebten befreit, um ihm sein längst bereitstehendes Essen zu servieren. Sturm behandelt Dorothea und Faber wie Kinder. Dies zeigt auch seine Sprache (Dorotheechen, Beinchen, Notenbüchlein). Die aufopfernde und selbstlose Rolle der Frau wird auch bei der Szene am Tisch deutlich,[181] bei der Sturm von seiner verliebten Tochter fordert, nicht auf ihren Gatten, sondern auf den Herzog das Glas zu erheben. Dorothea, die politisch naiv dargestellt wird, soll also ihre persönlichen Gefühle der politischen Lage unterordnen.

2.3.5. Szenen am Hof (E:5:12)

Als Kontrast zur vorangegangenen Szene in der bürgerlichen Wohnstube erscheint die Szene am Hof. Die höfische Prunkwelt mit Intrigen und Dekadenz und die bescheidene bürgerliche Welt mit ihrer wehrlosen Ehrlichkeit und aufgeräumten Nüchternheit bilden die eigentlichen Schwarzweißdarstellungen des Filmes.[182] Die Musik unterstreicht die

---

[181] Außer dem Spielfilm verwende ich auch im folgenden das Filmprotokoll bei F. Knilli, T. Maurer, T. Radevagen, S. Zielinski: Jud Süss. Berlin 1983.

[182] Nach Friedrich Knilli (siehe Anmk. 7) ist der Spielfilm nach einer Analyse der Einstellungen nach Lebensbereichen keine Schwarzweißdarstellung von Juden und Nichtjuden, sondern vielmehr von Adel und Bürgertum. „Daß Faschisten und Antifaschisten den Spielfilm trotzdem im Gegensatz von Judentum und Nichtjudentum verstehen konnten, läßt sich wahrscheinlich als ein Phänomen der selektiven Wahrnehmung erklären." Besonders wichtig erscheint mir dabei folgendes Ergebnis der Analyse: „ Wie die Einstellungsanalyse zeigte, hat der Film keine durchgehende Einheit, sondern ist ein Mix-

Festlichkeit der Sequenz (E:5:12), die in der Begegnung mit der begeisterten Menge ihren Höhepunkt findet. Zuerst tritt jedoch das marschierende Heer auf (E:5:40), das keine Funktion hat und somit nach Canetti[183] als Symbol der deutschen Masse gesehen werden kann.[184] Die Stilmittel, die hierbei in der Kameraführung auftreten, erinnern an Leni Riefenstahls „Triumph des Willens". Hier wird noch das Wunschbild des Herrschers dargestellt, das auffallend mit dem aus TdW übereinstimmt. Nachdem die marschierenden Soldaten und die euphorische Menge, von deren Jubelgeschrei die Musik übertönt wird, aus der Vogelperspektive dargestellt werden, erscheint der Herrscher aus der Froschperspektive monumentenhaft und in massiger Figur abgebildet. In dieser Führerpose spricht er mit großem Besitzerstolz die formelhaften Worte: „Mein Volk! Mein Land!" Durch schnelle Gegenschnitte wird deutlich, wie das Volk und der Herzog aufeinander zumarschieren. Nach der Größe des Herrschers kann dann auch die Größe des Volkes zum Ausdruck gebracht werden. Als Vertreter des Volkes erhebt Sturm sein Land zum „gesegnetsten Land unter deutschem Himmel". Mit dieser Abstufung erhöht er sein eigenes Land (hier=Volk=Rasse) über das der anderen. Das religiöse Vokabular unterstreicht den mythischen Augenblick, der in der Vereinigung zwischen Volk und Herrscher seinen Höhepunkt findet. Diese Einheit symbolisiert dann das herzögliche Wappen, das die Sequenz beendet.

---

tum Kompositum, das jeder der verschiedenen Gruppen von Zuschauern etwas bietet: Antisemitismus den Faschisten und Antifaschisten, Sex und Crime den Unpolitischen.

183 Elias Canetti: Macht und Masse. Düsseldorf 1960, S. 190.

184 Friedrich Knilli (a.a. O.) sieht die Funktion der Soldaten in einer Absperrkette. S.48.

2.3.6. Judengasse in Frankfurt (E:06:06)

Nach einer Überblendung verwandelt sich das herzögliche Wappen aus der vorherigen Szene zu einem ovalen Türschild mit hebräischer Schrift. Dieses Stilmittel der Überblendung wird hier und im folgenden angewandt, um eine Art Mimikri-Charakter des Judentums auszudrücken. Wie im Film „Der Ewige Jude" verwandelt sich auch hier der Jude und ändert sein Äußeres. Bevor Süß zum ersten Mal im Bild erscheint, wird seine Lebenswelt dargestellt.[185] Im Kontrast zum vorangegangenen „Ideal" eines Volkes, wird nun das „entartete" Volk dargestellt. Die abstoßende Wirkung der Judengasse wird bereits durch die bedrohlich klingende Musik beim Zuschauer hervorgehoben, mit der die Sequenz eingeleitet wird. Die dargestellten Juden werden alle mit schmutzigem Kaftan und in dünnen Zotteln herunterhängenden Bart- und Kopfhaaren dargestellt. Mit einem kurzen Dialog zwischen dem Schächtermeister[186] Moses Aronsohn und einem zahnlosen Greis, der neben einer halbnackten Frau am Fenster steht, soll dem Zuschauer das Innenleben eines typischen jüdischen Ghettos vorgetäuscht werden. Der Schächter, der gerade ein riesiges Messer an seiner blutverschmierten Schürze abwischt, entspricht mit seiner hinterlistigen und gemeinen Mimik im Dialog mit dem Alten genau den propandistischen Vorstellungen des brutalen und geldgierigen Juden. Der zahnlose Greis verkörpert den unbändigen bis ins hohe Alter währenden Se-

---

185   Hierbei kann es auch kein Zufall sein, daß Harlan diese Lebenswelt in einer Straßenszene darstellt. Die Juden in Polen boten in den überfüllten Ghettos zwangsläufig den Eindruck, „als würde sich ihr Gemeinschaftsleben auf der Straße abspielen"(Zitat aus „Der Ewige Jude"). Im Gegensatz dazu die intime bürgerliche Wohnstube Sturms.

186   Veit Harlan: Im Schatten meiner Filme. Gütersloh 1966: Die Darstellung eines Schächtermeisters soll Harlan als Kompromiß gegenüber Goebbels eingefügt haben, der ursprünglich Schächtszenen verlangt haben soll, welche dann in Hipplers Film „Der Ewige Jude" eingesetzt wurden.

xualtrieb des Juden. Beide Rollen werden von Werner Krauß gespielt, über den Veit Harlan diesbezüglich folgendes sagte:

„Diese Besetzung, die übrigens von Krauß selbst vorgeschlagen wurde, hat einen tieferen Sinn. Es soll gezeigt werden, wie diese verschiedenartigen Temperamente und Charaktere, der gläubige Patriarch, der gerissene Betrüger, der schachernde Kaufmann usw. letzten Endes aus einer Wurzel kommen."[187]

Diese „Wurzel" wird im Film „Der Ewige Jude" in Polen lokalisiert. Bei „Jud Süß" ist es die Judengasse in Frankfurt. In beiden Filmen soll dem Zuschauer gezeigt werden, wie der Jude in „Wirklichkeit" aussieht, bevor er sich hinter der „Maske des zivilisierten Juden versteckt", um die Welt zu erobern. M. E. ist die gesamte Sequenz[188] nichts anderes als die dramaturgische Umsetzung des „Ewigen Juden". Deswegen könnte man auch diese Sequenz in der Judengasse mit dem Vorspann[189] des Filmes „Der Ewige Jude" einleiten. Der Kern der Aussage und der Aufbau bleibt in beiden Fällen der gleiche.

2.3.7. Zimmer bei Süß (E:07:02)

Die erste Einstellung, die den Titelhelden (gespielt von Ferdinand Marian) auf die Leinwand bringt, zeigt ihn in Großaufnahme mit einem hinterlistigen Gesichtsausdruck. Die Kleidung, ist mit Käppi und Kaftan, den gängigen Klischees der äußeren Erscheinung von Judengestalten angepaßt. Das Licht betont seine schwarzen Pejeslocken und den

---

187 Dorothea Hollstein: Antisemitische Filmpropaganda. Berlin 1971, S.90.

188 Hiermit ist auch noch die folgende Szene bei Süß gemeint.

189 Vorspann:"Die zivilisierten Juden, welche wir aus Deutschland kennen, geben uns nur ein unvollkommenes Bild ihrer rassischen Eigenart. Dieser Film zeigt Original-Aufnahmen aus den polnischen Ghettos, er zeigt uns die Juden, wie sie in Wirklichkeit aussehen, bevor sie sich hinter der Maske des zivilisierten Europäers verstecken."

in langen Zotteln bis zur Brust herunterhängenden Bart. Auch in seiner Sprache finden sich noch manchmal Anklänge aus seiner Muttersprache.[190] Der herzögliche Gesandte von Remchingen wird sitzend, Süß hingegen stehend dargestellt, wodurch Süß etwas von unten gefilmt wird und somit brutaler und kälter wirkt. Dadurch wird auch seine Überlegenheit gegenüber seinem Bittsteller hervorgehoben, die er nur aufgrund seines versteckten Reichtums ausspielen kann. Der dargestellte Gegensatz zwischen der kärglich eingerichteten Wohnung und dem in einem Tresor versteckten Reichtum soll dem Zuschauer die antisemitische Vorstellung vom jüdischen Geiz und Reichtum verdeutlichen. Die Hinterlistigkeit des Juden wird durch seine Gegenforderung deutlich: Süß gewährt einen Nachlaß, wenn er das Schmuckstück dem Herzog persönlich überbringen darf. Der durch den wertvollen Schmuck zusätzlich geblendete von Remchingen erscheint als erstes Opfer der Umgarnungstaktik des geschickten und intriganten Süß, der sich den Zugang zum Hof erkauft.[191] Der herzögliche Gesandte garantiert Süß die Einreise in das für Juden gesperrte Stuttgart. Die trennenden Rassengesetze werden als gegeben dargestellt und deren Übertretung als gesetzwidriges Eindringen gewertet. Trotz der situationsbedingten Überlegenheit wird Süß nach seiner Gegenforderung von Remchingen geringschätzig behandelt.[192] Der sittliche und moralische Unterschied wird von beiden Seiten akzeptiert. Den Schluß der Szene bildet wiederum eine Großaufnahme, in der der Titelheld mit weit geöffneten Augen fanatisch seine eigentlichen Absichten gegenüber sei-

---

190   Z.B.: „mir en Paß zu verschaffen,..“oder „Ma kommt ins Geschäft“. Die Veränderung der Sprache ist bei Süss besonders auffällig. Hier wird ein besonders wichtiges Mittel angewandt, um die „unheimliche Verwandelbarkeit des Juden“ perfekt deutlich zu machen.

191   Hierzu die historische Darstellung auf S. 50-52.

192   So wird er mehrmals mit „Du“ angeredet. Süß hingegen redet von Remchingen mit „Exzellenz“ an. Remchingen:“ Nach Stuttgart kommt kein Jude rein! - Das weißt du doch!“

nem Sekretär Levy verbalisiert: „Ich mach die Tür auf für euch alle[...]".[193] Ganz im Sinne der antisemitischen Propaganda wird Süß
ausgesprochen volksverbunden dargestellt. Er ist keineswegs damit zu-
frieden, die Vorteile sich selbst zu verschaffen, sondern denkt sofort
an sein Volk, dem er diese Vegünstigungen ebenfalls zuteil werden lassen will. Die tiefe Verschworenheit und Verbundenheit der Juden untereinander beinhaltet auch, daß es keine wesentlichen Rangunter-
schiede gibt, sondern alle „unter einer Decke stecken", weil sie alle das
gleiche Ziel haben. Dies wird auch durch das kumpelhafte Auftreten
des Sekretärs Levy gegenüber Süß deutlich, nachdem Remchingen die
Wohnung verlassen hat.[194] Die gesamte Sequenz ist dem antisemitischen Klischee vom geizigen, steinreichen, hinterlistig geschäftstüchti-
gen Juden angeglichen, der auszog, die Welt, hier das Herzogtum
Württemberg, unter seine Herrschaft zu stellen.

2.3.8. Süß auf dem Weg nach Stuttgart (E:09:47)

Nach einer Überblendung verwandelt sich das vollbärtige Gesicht von
Süß in ein Gesicht mit kurz rasiertem Oberlippenbart ohne Pejeslocken und Käppi. Die Überblendung und die darauf folgende Verwand-
lung zum äußerlich assimilierten Juden, soll auch hier[195] den Mimikri-
Charakter des Judentums darstellen. In den vorangegangen Sequenzen
wurden die gegensätzlich dargestellten Welten der „Arier" (Wohnstube
bei Sturm) und der Juden dargestellt. In der nun folgenden Sequenz
wird die Verbindung dieser beiden Welten durch das skrupellose und
einschmeichelnde Eindringen des Juden Süß Oppenheimer vollzogen.
Schon in der ersten Szene, in der Marian auf Dorothea trifft, beweist er
seine, in vielen Filmen zuvor erprobten, Verführungskünste. Sein welt-

---

193   E: 06: 06.

194   Levy: Biste verrickt, Joseph?

195   Siehe die Interpretation dazu auch: 2.3.6. Judengasse in Frankfurt.

weltmännisches Gehabe verfehlt bei Dorothea dann auch nicht seine Wirkung, die mit ihren naiven Fragen eine antisemitische These unter Beweis stellt, ohne es selbst zu merken:

Dorothea: „..Wo war er denn sonst überall ?"

Süß: „Oh - London, Wien, Rom, Madrid[....]"

Dorothea: „Ach.. . Wo war`s denn am schönsten?

Ich meine, wo - hat er sich - so am meisten zu

Hause gefühlt?"

Süß: „Zu Hause? Überall!"

Dorothea: „Überall? Hat er denn keine Heimat?"

Süß: „Doch! Die Welt."

M.E. macht gerade diese unterschwellige Methode den Film „Jud Süß" auch heute noch zu einem gefährlichen antisemitischen Propagandamittel. Durch die naive Unschuldigkeit Dorotheas wird der Zuschauer besonders skeptisch gegenüber Süß. Bezeichnend ist auch, daß Dorothea aus Mitleid und schlechter Menschenkenntnis Süß nach Stuttgart bringt, was ihr später auch von ihrem Bräutigam zum Vorwurf gemacht wird. Faber ist der vorbildliche Antisemit, der Süß sofort als Jude erkennt und ihm mit haßerfüllten Augen nahelegt, die Stadt zu verlassen. Hiermit wird die These aus dem „Ewigen Juden", „daß nur der instinktlose Arier den Mimikri-Charakter nicht aufdecken kann", unter Beweis gestellt.

2.3.9. Süß am Hof (E:14:40)

Die erste Begegnung Oppenheimers mit dem Herzog steht noch im Zusammenhang mit der Sequenz aus dem Frankfurter Ghetto. Mit übertriebenen Gesten der Unterwürfigkeit, und natürlich unter Einsatz seines Geldes, versucht Süß, sich beim Herzog einzuschmeicheln. Seine Sprache ist der Sprache des Hofes angepaßt (z.B. „Par exemple, ich verstehe nicht"). Aber schon in der folgenden Sequenz gewinnt Süß an Selbstvertrauen. In dem Ballett, das er für den Regenten finanziert hat, erscheint er bereits als souveräner Höfling, dem die Ghetto-Herkunft nicht mehr anzusehen ist: Er trägt ein Kostüm, das in seiner Prächtigkeit in nichts dem des Herzogs nachsteht. Selbst das Statussymbol, die am Hof übliche weiße Perücke, fehlt ihm nicht. Sowohl handlungsmäßig, als auch in der visuellen Präsentation steht Süß von jetzt an im Mittelpunkt der Aktivitäten am Hof. Auch wenn Süß sich selbst von Remchingen noch immer mit „Du" anreden läßt, gewinnt er eine Cleverness und Souveränität, die ihn deutlich positiv von den weitgehend unbeholfenen und dümmlichen Handlungen etwa des Herzogs oder seines Vertrauten abhebt. Dennoch begegnet man Süß gegenüber mit großem Mißtrauen und Abfälligkeit.[196] Süß bleibt, trotz allem äußerlichen Wandel, der ausbeuterische[197] Jude, der sich ohne geringsten Stolz beleidigen läßt und alles seiner „Geldgier" unterordnet.[198] Die Beleidigungen von Seiten des Herzogs werden gegen Ende des Stücks zunehmend heftiger und von Süß stets widerspruchslos hingenommen:

> Herzog: „Er ist doch ein rechter Saujude!"
> Halt doch's Maul, du Lümmel!" [199]

Diese Überlegenheit gegenüber dem Juden wird besonders übertrieben dargestellt in den Szenen, wo Faber und Sturm die Gefangenen des Juden sind. Selbst in dieser Situation wird Süß von seinen „arischen"

---

[196] V. Remchingen: „Eines Tages wirst du noch deine Rechnung präsentieren!"
   Herzog: „Glaubt er, ich laß mir vom Juden was schenken?"
[197] Süß:"...daß man aus siebzig Städten kein Geld sollte herausholen können!"
[198] Süß: „...Euer Durchlaucht können mich auch hängen lassen, ich bin nur ein Jude!"
[199] Letzte Szene zwischen Süß und Herzog vor der Vergewaltigungsszene.

Gegenspielern ohne Rücksicht auf die Situation respektlos mit Vorwürfen und Anschuldigungen bedacht.

2.3.10. Süß und seine Opfer (ab E:17:50)

Nach der Errichtung der Weg- und Brückenzölle auf Veranlassung Oppenheimers werden die Bürger als Opfer dargestellt. Die folgenden Sequenzen sollen aufzeigen, wie sehr das Volk darunter zu leiden hat, wenn ein Jude die „Macht des Geldes" errungen hat. Dorothea kommt sorgenvoll nach Hause und beklagt sich über die gestiegenen Preise für Nahrungsmittel, während ihr Verlobter mit glühendem Haß von dem Juden Levy berichtet, der „die Gelder der württembergischen Bauern in seine dreckigen Taschen gesteckt hat".[200] Im Besitz der Macht wird Oppenheimer zum wahren Bösewicht des Filmes. Am deutlichsten wird dies in der Auseinandersetzung mit dem Schmied Hans Bogner (E:22:00), der mit seinem Beruf als Repräsentant des schöpferischen Volkes gedeutet werden kann. Im Gegensatz dazu steht Süß, der die Schmiede zur Hälfte abreißen läßt, weil sie auf seiner Straße steht, für den „zerstörerischen Charakter" der Juden, die die „arischen Werte nur als Waren"[201] sehen. Süß begegnet dem Volk mit brutaler Härte und Verachtung:

> Kutscher: „Die Leute stehen vor den Pferden!"
> Süß: „Fahr drüber weg!"

In der gleichen Szene (E:24:36) handelt Bogner wieder stellvertretend für den aufgebrachten Volkswillen, indem er mit dem Schmiedehammer Süß in seiner Kalesche angreift. Daraufhin läßt Süß ihn verhaften und bewirkt beim Herzog das Todesurteil gegen ihn. Der absolute Höhepunkt der „Zerstörung des arischen Volkes" durch den Juden

---

[200] E: 19: 10.
[201] Zitate aus dem „Ewigen Juden".

wird beim Ball am Hofe des Herzogs erreicht (E:25:15). Obwohl die Einladung zum Fest unmißverständlich war, - alle Beamten hatten „mit ihren mannbaren Töchtern anzutreten"[202] - und obwohl klar war, daß „der Jude wieder mal' 'nen Fleischmarkt arrangiert"[203], präsentiert sich Dorothea bei dieser Gelegenheit in betonter Attraktivität, die ihre weiblichen Vorzüge auch selbstverständlich gegenüber dem Juden herausstellt. Ausgestattet mit Perücke und künstlichem Schönheitsfleck, trägt sie ein schulterloses Kleid, welches ihr erotische Ausstrahlung verleiht. Nachdem Süß sie ins herzögliche Separee gelockt hat und unvermutet im Tanzen innehält, blickt Dorothea direkt auf den Filmzuschauer. Der Kameraausschnitt ist so gewählt, daß sie quasi nackt erscheint. Das aufgebrachte „Laß er das!", mit dem sich Dorothea nun gegen die Zudringlichkeit Oppenheimers wehrt, steht in krassem Gegensatz zu dem Angebot, welches die junge Frau und ihre filmische Umsetzung in dieser Szene gemacht haben. Die antisemitischen Vorurteile vom Juden als „Rassenschänder" werden auch hier von Süß selber ausgesprochen:

> Herzog: „Worauf dieser Teufelskerl kommt"
> Süß: „Wie der Herr die Schafe von den Böcken, so trenne ich die Töchter von den Eltern."[204]

Nach der Szene mit Dorothea tritt Faber maskiert im Spielsaal gegen Süß auf, um ihn der Rassenschande anzuklagen (E:29:35).

> Faber: „Er spielt um Württemberg! Der Jude spielt um eure Töchter, und der Herzog hält die Bank!"[205]

---

202 Fiebelkorn bei dem Gespräch in seiner Wohnstube.
203 Ebd.
204 Am Schluß der Sequenz im Ballsaal.
205 E: 30:21.

Faber hat auch hier als nationalsozialistischer Held Vorbildfunktion: Sowie er den Juden als erster erkannt hat,[206] ist er nun auch der erste, der gegen ihn vorgeht. Süß reagiert auf die Beleidigungen Fabers, indem er an den Herzog drei Forderungen stellt: Aufhebung der Judensperre, Freibrief zum Schutz seiner Handlungen und die Hinrichtung des Schmiedes Hans Bogner (E:32:15). Die Aufhebung der Judensperre bedeutet nach der nationalsozialistischen Rassentheorie das Ende der „Reinhaltung" des Blutes und damit das Ende des „reinrassigen" Volkes. Daß der Jude keine leeren Drohungen ausspricht, sondern handelt und dabei vor nichts zurückschreckt, wird durch die Hinrichtung Bogners repräsentativ dargestellt. Aber auch hier soll nicht der Eindruck erweckt werden, der Arier sei gegen den Juden völlig wehrlos. Die Anfeindungen des Volkes („Nimm dich in acht, Jude! Der nächste bist du!")[207] stellen bereits seine Machtstellung in Frage[208] und es scheint nur noch eine Frage der Zeit, bis sich die aufgestaute Wut des Volkes gegen ihren Feind, den Juden, erhebt. Am Schluß der Szenenfolge[209] sieht man unter schauerlicher Musik und hebräischem Gesang die Juden in die Stadt ziehen.

2.3.11. Die Reaktion des Volkes (ab E:33:23)

Nach dem Einzug der Juden findet dann auch der erste organisierte Widerstand statt. Wiederum ist es Faber, der als erster zornentbrannt das Wort gegen die Juden erhebt. Sturm benützt dabei eine in der antisemitischen Ideologie bewährten Metapher:

„Wie die Heuschrecken kommen sie über unser Land!"[210]

---

[206] Siehe 2.3.8.

[207] Bei der Hinrichtung.

[208] Besonders sein Umfeld reagiert völlig ängstlich.

[209] E: 33:00.

[210] E: 33:27.

Die „Rassenschande" bleibt auch hier letztes und stärkstes Argument, sich beim Herzog gegen die Aufhebung der Judensperre zu verwenden.[211] Je tiefer sich die Auseinandersetzung zwischen Ariern und Juden entwickelt, desto mehr treten religiöse Aspekte in den Vordergrund. Die Landstände zitieren antisemitische Lutherzitate[212], wogegen Levy Sprüche aus der Thora[213] verwendet. In der Figur des Rabbi Loew (E:38:15) wird das „Urjudentum" in seiner religiösen Gestalt dargestellt. Sein übersinnliches Geheimwissen, auf das sich der Herzog verläßt, wird jedoch von Süß manipuliert, und somit für den Zuschauer als Scharlatanerie aufgedeckt. Mit seinen Ratschlägen an Süß bestätigt er wieder einmal antisemitische Vorurteile, die durch ihn jedoch religiös begründet werden. Der Rabbi kritisiert Süß, weil er seinen Reichtum und seine Macht zu sehr der Öffentlichkeit preisgibt. Für den Rabbi gilt es als Wunsch des Herrn, „daß sein Volk[....]ist verstreut und daß es herrsche im Verborgenen über die Völker der Erde"[214]. Süß hingegen zerstreut die letzten Zweifel über seine Absichten mit dem Ausspruch:

> „Der Wille des Herrn wird es nicht verhindern wollen,daß ich auch aus Württemberg mache das Gelobte Land für Israel!"[215]

Nachdem Süß sich zum zweiten Mal um die Heirat von Sturms Tochter Dorothea bemüht, wird er von Sturm mit einer rassistischen Begründung abgelehnt:

> „Meine Tochter wird keine Judenkinder in die Welt setzen"[216]

---

211 Sturm:" Besser wir verbrennen uns das Maul als das Blut". Röder zum Herzog: „Wenn der Jude sein säuisches Wesen will treiben an unseren Frauen und Töchtern, so ist es an Euch, mein Herzog, ihm das Handwerk zu legen!"
212 E: 35:45.
213 E: 36:50.
214 E: 39:20.

Daraufhin versucht Süß nicht mehr mit der „Macht des Geldes", sondern mit Gewalt, seine Ziele zu erreichen. Dies äußert sich in der Verhaftung Sturms, worauf die Landstände ebenfalls mit Gewalt reagieren.

2.3.12. Süß beim Herzog (ab E:52:40)

Der Herzog wird zunehmend mißtrauischer gegenüber Süß: „Der Mann[217] hat recht, leider. Ihr schafft mir Widerstände, mehr als ich bewältigen kann."[218]

Auch merkt er, daß er sich von Süß hat abhängig machen lassen:

„Ich bin nicht mehr frei in meinen Entschlüssen."[219]

Am Schluß der Szenenabfolge wird Süß sogar vom Herzog des Ehebruchs mit der Herzogin verdächtigt:"[..]daß dir nichts heilig ist, nicht einmal die Frau deines Herzogs, Jud. Nur deine Interessen, dein Profit-[...]"[220].

Das antisemitische Bild vom Juden ist nun auch vom Herzog bestätigt. Die Sequenz macht deutlich, wie sehr der Herzog unter der Last des Juden zu leiden hat. Seine Machtgier und seine finanzielle Abhängigkeit machen es ihm jedoch unmöglich, sich von Süß zu trennen. Als das Volk sich vor dem Schloß versammelt und lautstark die Freilassung Sturms fordert(E:57:55), muß sich der Herzog zwischen dem Volk und seiner Machtgier entscheiden. Das Volk wird aus extremer Obersicht,

---

215 E: 39:40.
216 E: 45:12.
217 Damit ist Röder gemeint.
218 E: 54: 29.
219 E: 57: 07.
220 E: 57: 37.

vom Standpunkt des Herzogs, abgebildet, woraus man interpretieren kann, daß bis dahin der Herzog die Situation noch unter Kontrolle hat.

2.3.13. Synagoge (E:59:14)

Bei der Synagogenszene wird der Zuschauer wieder in die „andere Welt" geführt. Die Aufnahmen wurden vermutlich in einem polnischen Ghetto gedreht.[221] Die Synagoge wird als Zentrum des Judentums dargestellt: „ich such' dich auf in der Synagoge, weil du sie hier hast alle beisammen."[222] Dieses Zitat zeigt auch, wie respektlos[223] die Sprache der Juden untereinander ist. Wie bei der Metapher von den „Heuschrecken" wird auch hier von den Juden wie von Tieren gesprochen. Durch diese Umgangssprache wird aber auch die Vertrautheit und Verschworenheit untereinander deutlich. Die Sequenz, deren angeblich „dumpfe Mystik" von der nazistischen Filmkritik immer wieder hervorgehoben wurde,[224] soll, wie die Sequenz der Judengasse,[225] dem Zuschauer die Andersartigkeit und Fremdheit des „Urjuden" darstellen. Das Gefährliche der Sequenz liegt jedoch nicht im Zeremoniell der Sabbat-feier, sondern in der Einmontierung des Handels, den Süß mit dem Rabbiner Loew betreibt. Diese Verbindung von Geldgeschäften und religiösem Ritus entspricht dem nazistischen Bild des Juden, wie es auch im „Stürmer" dargestellt wird. Eine ähnliche Szene, wo das Schachern während des Gottesdienstes in der Synagoge gezeigt wird, enthält auch der „Der Ewige Jude": „Das Schachern im Gottesdienst ist keine Entheiligung für den Juden".

---

221   Harlan hat in polnischen Ghettos Filmaufnahmen angefertigt. Es ist jedoch nicht geklärt, für welche Szenen diese Aufnahmen verwendet wurden.

222   E: 1: 00: 25.

223   Dies wird auch durch die Anrede mit „Du" deutlich.

224   Friedrich Knilli, S.40, a.a.O.

225   E: 06: 06.

2.3.14. Vergewaltigungsszene (E:1:10:57)

Süß wurde bisher vor allem als Verbrecher dargestellt, weil er die „Rassenschande" vorbereitet und legalisiert hat. In dieser Szene macht er sich jedoch selbst der „Rassenschande" schuldig und treibt damit seine Rolle als Schänder der arischen Rasse zum absoluten Höhepunkt. Seine Tat wiegt dabei umso schwerer, weil Dorothea noch Jungfrau ist. Das junge Paar hatte sich nämlich in einer vorangegangenen Sequenz aus Schüchternheit dazu entschieden, die erste Nacht nach der Trauung getrennt zu verbringen. Diese Verherrlichung der unleidenschaftlichen und unerfüllten Liebe ist der nationalsozialistischen Prüderie und den Umständen der Kriegszeit angepaßt.[226] Die unschuldige Tochter des Volksvertreters Sturm ist damit die „Hüterin der Art", die als Opfer mit dem wollüstigen Juden konfrontiert wird. Dieser ideologische Anspruch steht jedoch in mehreren Punkten im Widerspruch zur Gestaltung der Szene. Süß wird mit einem bestickten weißen Morgenmantel immer wieder im Zusammenhang mit seinem prächtigen Bett als Lebemann dargestellt. Im Gegensatz dazu verkörpert Dorothea mit ihrem weißen Kopftuch und ihrem dezenten Kleid die unschuldige Keuschheit. Nach ihrem Eintritt in den Schlafzimmer-vorraum des Verführers unterstreicht die Kamera den Opfer-im-Käfig-Effekt mit einer Totalen. Dieser Effekt wird auch später von Süß so beschrieben, nachdem er sein Opfer mit einem Ring in sein Schlafzimmer hat locken können:[227] „Wenn ein Vogelsteller einen Vogel aus dem Käfig lassen soll, dann muß er einen anderen dafür haben,[..]"[228]. Der sexuelle Sadismus der Sequenz wird durch die parallel geschnittenen Aufnahmen aus dem Folterkeller besonders drastisch unterstrichen. Faber

---

226 Vgl. den Film „Immensee" von Veit Harlan.

227 Auch hier spricht Süß das aus, was der Zuschauer über Ihn denken soll: „Glaubt sie immer noch, daß sie mich mit ihrem Ringlein locken kann?"

228 E: 1: 13: 08.

wird dabei mit nacktem Oberkörper dargestellt, obwohl er nur an den Fingern gefoltert wird. Die Gegenwehr Dorotheas erweist sich als zusätzliche Spannungssteigerung. Kurz bevor Süß Dorothea auf sein bereitstehendes Bett reißt, wird nochmals die Religion thematisiert, wobei die antisemitischen Vorurteile vom jüdischen Rachegott von Süß selbst ausgesprochen werden. Die eigentliche Vergewaltigung ist in der heute vorhandenen Kopie nur angedeutet und läßt damit der Phantasie des Zuschauers freien Lauf.[229] Die gesamte Sequenz bildet eine Zusammenfassung der Untaten des Juden gegenüber dem arischen Volk: Süß begegnet seinem Opfer erst mit einschmeichelnder Hinterlistigkeit, bevor er sich mit finanziellen Anreizen weiter durchsetzt. Nachdem sich sein Opfer in der Falle jedoch wehrt, gebraucht er Gewalt. Der Weg zur Frauenschändung verläuft also paralell zum Weg der Volksschändung. In beiden Fällen ist der Jude ein ungewollter Eindringling, der sein Opfer gnadenlos vernichtet. Für Dorothea besteht nach der Vergewaltigung mit der Aussicht auf ein vom Juden gezeugtes Kind kein Lebensrecht mehr, weil sie ihren Lebenszweck, als Mutter Erhalterin der arischen Rasse zu werden, verfehlt hat. Ihr Selbstmord ist die rassenideologische Konsequenz nach ihrer Schändung. Der kathartische Selbstmordgang ins Wasser tritt in den Filmen von Veit Harlan immer wieder auf. Bei „Jud Süß" bedeutet das Wasser den Tod für die tragische Heldin und damit die Reinhaltung und folglich die Erhaltung der arischen Rasse. Durch Dorotheas Opfergang wird die Rassenschande getilgt. Der Tod Dorotheas ist die Vorraussetzung für die Auferstehung des Volkes, die der „arische" Held Faber mit dem Leichnam anführt (E:1:16:05). Die Sequenz am Neckarufer ist von einer unheimlichen Stimmung gekennzeichnet: Es ist dunkel, es brennen Fackeln. Dramatische Musik unterstreicht das irrationale Klima. Der Rauch der

---

229 Der Spielfilm im Dritten Reich. 1. Arbeitsseminar der Westdeutschen Kurzfilmtage in Oberhausen. Protokoll, Zusammenstellung und Bearbeitung Manfred Dammeyer, 1966.

Fackeln unterstreicht den mystischen Augenblick. Unter dieser Stimmung strömt das Volk zusammen und begleitet Faber mit dem Leichnam der Dorothea in den Armen auf dem Weg vom Fluß in die Stadt. Vor dem Haus des Juden wird das Volk von der Kamera auf Augenhöhe und nicht aus extremer Obersicht abgebildet. Durch das Verstummen des Volkes lädt sich die Pogromstimmung auf, bevor sie durch den Befehl des Obristen von Röder zu ihrer entgültigen Entladung gebracht wird. Diese Szenenfolge ruft förmlich zur Aktivierung der aufgestauten Gewalt beim Zuschauer auf.

2.3.15. Süß vor Gericht (E:1:24:04)

Nach einer Überblendung erfährt Süß eine Rückverwandlung. Sein Äußeres erscheint mit Bart und ohne Perücke heruntergekommen. Auch seine Sprache ist wieder wie in der Judengasse zu Beginn des Films. Seine Macht ist zerbrochen, er winselt um sein Leben. Für das anwesende Volk wirkt Süß mit seinen hampelhaften Gebärden lächerlich. Der Vorsitzende gibt vor der Urteilsverkündung das Wort an den Volksvertreter Sturm:

> „Ihr habt das größte Leid erfahren und füglich das größte Recht zu richten."[230]

Ganz nach der nationalsozialistischen Vorstellung ist damit nicht das Gesetz, sondern das „gesunde Volksempfinden" Maßstab der Rechtssprechung. Sturm beruft sich auf das „alte Reichskriminalgesetz"[231], denn „da steht's für alle Ewigkeit"[232], daß der Jude für den geschlechtlichen Umgang mit einer Christin zum Tode verurteilt werden soll. Dem Juden wird also wesentlich die vollzogene „Rassenschändung"

---

[230] E: 1: 25: 23.
[231] E: 1: 25: 47.
[232] Ebd.

vorgeworfen. Daß diese „Rassenschändung" durch eine Vergewaltigung vollzogen wurde, kommt gar nicht mehr zur Sprache. Hier wird deutlich, wie wenig die Menschenwürde gegenüber der „Rassenideologie" im Nationalsozialismus Bedeutung hatte. Veit Harlan schreibt hierzu in seinen Memoiren:

> „Die große und unentschuldbare Sünde des Jud Süß in dem von mir inszenierten Film ist die Tatsache, daß er sich die Frau, die er liebt und die er heiraten will, die ihm aber nicht gegeben wird, weil er Jude ist, mit Gewalt nimmt. Es ist die einzige Sünde des Juden."[233]

Bei der Hinrichtung (E:1:26:05) wird Süß im Gegensatz zu seinen heroischen Gegenspielern mutlos und feige dargestellt. Während Sturm beim Verhör vor Süß unerschrocken bekennt: „Ich hab' keine Angst vorm Sterben!"[234], schiebt der Jude alle Schuld auf die Verantwortlichkeit des Herzogs und bettelt um sein Leben: „Ich bin nur e armer Jud! Laßt mer mein Leben!"[235] Wie der Schmied Hans Bogner wird Süß in einem Käfig über den Marktplatz gezogen. Die Prophezeiung[236] des Volksvertreters bei der Hinrichtung Bogners wird erfüllt, indem Süß ungleich höher gehängt wird als der Schmied. Dieser Bezug ist offensichtlich, obwohl darauf in der Sequenz nicht ausdrücklich eingegangen wird, weil dem Zuschauer die Hinrichtung des „Rassenschänders" als sittliche Pflicht ohne Rachegedanken vermittelt werden soll. Dieser moralische Anspruch wird vor allem durch Faber verkörpert, der in dieser Sequenz durch intensive Einstellungen herausgehoben wird. Die Moral der Geschichte wird vom Vertreter des Volkes mit pathetischem Tonfall verkündet:

---

233 Veit Harlan: Im Schatten meiner Filme. Gütersloh 1966, S. 114.

234 E: 1: 04: 47.

235 E: 1: 26: 50.

236 Die Prophezeiungen des Judentodes am Galgen ziehen sich durch den ganzen Film.

„Alle Juden haben innerhalb dreier Tage Württemberg zu verlassen. Für ganz Württemberg gilt hiermit der Judenbann. [..]Mögen unsere Nachfahren an diesem Gesetz ehern festhalten, auf daß ihnen viel Leid erspart bleibe an ihrem Gut und Leben und an dem Blut ihrer Kinder und Kindeskinder!"[237]

Das Volk ist in dieser Szene starre Masse und damit Empfänger der von oben verordneten Rassenideologie. Dieser Appell richtet sich nicht nur an das Volk im Film, sondern auch an das Publikum im Kino-Saal.

2.3.16. Die propagandistische Wirkung von „Jud Süß" nach offiziellen NS-Darstellungen

Das Urteil über einen Film sei selten so einheitlich gewesen wie bei dem Film „Jud Süß", der zwar in der realistischen Darstellung abscheuerregender Episoden ungewöhnlich weitgehe, dabei aber künstlerisch vollauf überzeugend gestaltet und von einer Spannung sei,"die einen nicht losläßt". Wie sich der Film als Ganzes stimmungsmäßig auswirke, komme in der spontanen Äußerung zum Ausdruck:"Man möchte sich die Hände waschen".[..]die Frage, ob es gut sei, die Jugend in diesen Film zu führen, wurde mit Rücksicht auf seine außerordentlich starke psychologische Nachwirkung fast durchweg verneint. [..]Unter den Szenen, die von der Bevölkerung besonders beachtet werden, wird - außer der Vergewaltigungsszene - der Einzug der Juden mit Sack und Pack in die Stadt Stuttgart genannt. Im Anschluß gerade an diese Szene ist es wiederholt während der Vorführung des Filmes zu offenen Demonstrationen gegen das Judentum gekommen. So kam

---

[237] E: 1: 27: 15.

es z.B. in Berlin zu Ausrufen wie „Vertreibt die Juden vom Kurfürstendamm! Raus mit den letzten Juden aus Deutschland!"[238]

„Die Vorgänge auf der Leinwand wirken derart lebensecht, daß das Publikum ständig zu Äußerungen und Ausrufen hingerissen wird - ein Zeichen dafür, daß auch die Schulungsarbeit der Partei über die Judenfrage ihre Früchte getragen hat. ‚Saujud dreckiger!', ‚elender Judenbengel' sind gerade von Frauen oft zu hören[...], die Vertreibung der Juden und die Hinrichtung des ‚Süß', bei der seine ganze Feigheit zum Ausdruck kommt, wird mit großer Genugtuung und Befreiung aufgenommen(‚geschieht ihm recht, dem Dreckjud', ‚aufgehängt gehören sie alle!')."[239]

„Der Film ‚Jud Süß' wurde im Osten immer dann, wenn eine Aussiedlung oder Liquidation im Ghetto bevorstand, der ‚arischen' Bevölkerung gezeigt. Wahrscheinlich erachtete man es für ein gutes Mittel, jeder Hilfe seitens der nichtjüdischen Bevölkerung vorzubeugen."[240]

Auch Himmler erkannte „Jud Süß" als antisemitische Propagandawaffe. In einem Befehl vom 30.9.1940 ordnete er die baldige Vorführung des Filmes vor der gesamten SS und dem Wachpersonal der Konzentrationslager an. Während des Auschwitz-Prozesses in Frankfurt am Main, gab SS-Rottenführer Stefan Baretzki zu, daß die Lagerinsassen nach der Filmvorführung mißhandelt worden seien.[241]

---

238 Zit. nach Erwin Leiser: „Deutschland erwache". Propaganda im Film des Dritten Reiches, Reinbeck 1968: „Meldungen aus dem Reich" des Sicherheitsdienstes (SD) über die Wirkung von Filmen. Zitiert nach Bundesarchiv Koblenz - R 58/156, S. 6-7, vom 28. 11. 1940.

239 Ebd.: Ein Bericht vom Einsatzkommando III/1 der Sicherheitspolizei von Straßburg.

240 Joseph Wulf: Theater und Film im Dritten Reich. Eine Dokumentation, Gütersloh 1964, S. 317.

241 Pierre Cadars und Francis Courtade: Geschichte des Films im Dritten Reich. München 1975, S. 187.

2.3.17. Zusammenfassung

Der Film „Jud Süß" zeigt aus antisemitischer Sicht den Weg des Juden von der Ghettoexistenz („Urjude") bis zum brutalen Volkstyrannen. Der Weg des Titelhelden läßt sich dabei gemäß der antisemitischen Propaganda in folgende Phasen einteilen:

1. Phase: Süß wird in seinem Urzustand dargestellt. Veit Harlan bezeichnete dies als Darstellung des Urjudentums,"wie es damals war und wie es sich heute noch ganz rein in dem einstigen Polen erhalten hat."[242]

Schlußfolgerung[243]: „Die verschiedenen Tarnungen des Juden haben ein und dieselbe Wurzel. Auch wenn der Jude noch so edle Motive vorschiebt, hat er nur sein eigenes Wohl und das seiner Rassegenossen im Auge."

2. Phase: Süß schleicht sich in die arische Lebenswelt ein. Harlan bezeichnet Süß auch als den getarnten Juden.[244]

Schlußfolgerung:"Mit seinem versteckten Reichtum und seiner Hinterlistigkeit kann sich der Jude aufgrund der Machtgier der Herrschenden und der Unaufgeklärtheit des Volkes 'einnisten'."

3. Phase: Süß beginnt die „Ausrottung" (Filmdialog) des arischen Volkes (Rassenschande und Aufhebung des Judenbanns). Hierbei handelt es sich um ein zentrales Anliegen des Films, neben der Tarnung des Juden auch seine Gefahr für den „Arier" durch die Rassenschande

---

242 Ebd. , S. 187.

243 Damit ist die antisemitische Schlußfolgerung des Zuschauers gemeint, die m. E. der Film erzielen wollte.

244 Cadars/ Courtade: Geschichte des Films, S. 187, a. a. O.

darzustellen. In einer Werbebroschüre der „Terra" zum Film heißt es dazu: „Pfoten weg, Jude, von der deutschen Frau!"[245]

Schlußfolgerung:"Der Parasit zerstört seinen Wirt. Der Jude ist hinter seiner Maske ein Bösewicht."

4. Phase: Machtkampf zwischen Jude und Arier, den der Jude trotz seinem gewalttätigen Vorgehen verliert. *Schlußfolgerung:* „Der Arier ist dem Juden überlegen."

Bei all den Veränderungen, die Jud Süß in den vier Phasen erfährt, bleibt er moralisch seinen „arischen Gegenspielern" unterlegen. Seine sittliche Minderwertigkeit und die Motive seines Handelns bleiben unverändert. Der „Brückenschlag" zur arischen Rasse bleibt erfolglos. Dies wird auch deutlich in der statischen Festlegung und Einteilung in Gut und Böse der anderen Rollen gemäß ihrer Rasse. Die propagandistisch verfälschte Geschichte des Juden Süß zeigt also nicht,"daß der Jude auch ein Mensch ist, nein, sie stellt klar, daß der Jude ein ganz anderer Mensch ist[...]"[246]

---

[245] Ebd.

[246] Dorothea Hollstein, S.79, a. a. O.

3. Der Propagandafilm heute

Kein Medium war geeigneter zur Darstellung des nationalsozialistischen Wunsch- und Feindbildes als der Film. Im Film konnte
das Ideal Wirklichkeit werden und somit wurde dem Zuschauer das
zugestanden, was ihm in der Realität versagt blieb. Der Bereitschaft zur
Selbsttäuschung entsprach die auf Täuschung angelegte Politik der Nationalsozialisten. Durch die Inszenierung dieser Politik konnten die
Bedürfnisse der Massen nach Identifikation, nach nationaler Erhöhung, nach Schönheit, Unterhaltung und Gemeinschaft befriedigt werden. Die Beschäftigung mit dem NS-Film ermöglicht uns, die Gefah-
ren oder negativen Möglichkeiten des Films und deren Konsequenzen
deutlich zu machen. Die negativen Auswirkungen des Films haben jedoch nicht im Nationalsozialismus, in der Zeit von 1933-1945, ihren
Ursprung und Endpunkt, sondern sind vielmehr in ihrer Kontinuität
mit der Weimarer Republik und dem Nachkriegsdeutschland verknüpft. Die Kontinuität wird uns in der Gegenwart jedoch nicht derart
bewußt, weil wir die Hintergründe und Zusammenhänge unserer Zeit
erst nach einer gewissen zeitlichen Distanz besser erkennen können.
Die Distanz zu einem Geschehen vermittelt uns eine relative Objekti-
vität und den entsprechenden Überblick. Damit ist jedoch nicht gemeint, daß heute NS-Filme keine propagandistische Wirkung mehr haben können. Das Verbot von „Triumph des Willens" und „Jud Süß"
ist eher ein deutliches Anzeichen dafür, daß wir fünfzig Jahre danach
eben noch nicht die notwendige Distanz und zugleich den entsprechenden Überblick geschaffen haben.

Auch die heutigen Filme sind Ausdruck unserer Zeit und besitzen daher immer in gewisser Weise und in gewissem Maße ideologische Ten-

denzen. Dabei ist die Suggestivkraft[247] des Films durch den quantitativen Anstieg des Filmkonsums[248] und seiner vereinfachten Zugänglichkeit durch das Fernsehen nicht geringer geworden. Der wesentliche Unterschied gegenüber dem Nationalsozialismus besteht letztendlich in der Pluralität der Meinungen, die heute in Filmen zum Ausdruck gebracht werden können. Außerdem werden die Methoden der Suggestion durch den Film immer undurchschaubarer und dadurch schwerer in ihrer Wirkung auf den Rezipienten einzuschätzen. Gerade deswegen sollte der Film in verschiedenen Bereichen der Wissenschaften mehr Beachtung finden, um ihn als historische Quelle oder Spiegelbild der Gesellschaft für eine breite Öffentlichkeit erklärbar zu machen. Die umfassenden Möglichkeiten des Films können jedoch nur positiv umgesetzt werden, wenn die Macht seiner Bilder verstanden wird. Eine Macht, die oft unterschätzt wurde.

---

[247] Leni Riefenstahl: Hinter den Kulissen des Reichsparteitagfilms, München 1935, S. 15.

[248] Das Fernsehen wird dadurch auch zum Selbstzweck.

4. Anhang (Bildmaterial)

(aus: Leni Riefenstahl: Hinter den Kulissen des Reichsparteitagfilms, München 1935)

„Ein Flugzeug! Ein Flugzeug! Der Führer kommt!" [249]

„...froh und strahlend ist die erste Aufnahme des Führers, der aus den Wolken kam...'[250]

---

[249] Siehe 2.4.4. Wolken als mythologischce Motive.

„...der Einzug eines neuen Messias in seine Stadt."[251]

„...wir wollen unseren Führer sehen!"[252]

---

[250] Riefenstahl: Hinter den Kulissen, S.39.

[251] Siehe Kapitel 2.2.5.2. Der Führer als „Messias" in TdW!

[252] Sprechchor am Ende der Filmszene.

(Aus: Zielinski, Siegfried/ Radevagen, Thomas/ Maurer, Thomas/ Knilli, Friedrich: „Jud Süß". Filmprotokoll, Programmheft und Einzelanalysen, Berlin 1983.)

„... wie der Jude in ‚Wirklichkeit' aussieht, bevor er sich hinter der ‚Maske des zivilisierten Juden versteckt', um die Welt zu erobern..."[253]

---

[253] Siehe auch 2.3.6 Judengasse in Frankfurt.

Der Mimikri-Charakter des Juden im Film „Der Ewige Jude"

Der „Urjude"[254]

Der „getarnte Jude"[255]

---

[254] Ebd.

[255] Ebd.

Zwei Welten „Der stolze Arier" „Der hinterlistige Jude"

| Heinrich George | Malte Jäger | u. Ferdinand Marian | Werner Kraus | Ferdinand Marian |
| als Herzog | als Faber | als Jud Süß | als Levy, Rabbi Loew | als Jud Süß |

„Die Rassenschande"

„Dorothea verkörpert mit ihrem weißen Kopftuch und ihrem dezenten Kleid die unschuldige ‚Hüterin der Art', die als Opfer mit dem wollüstigen Juden konfrontiert wird."[256]

---

256 Siehe hierzu 2.3.14. Vergewaltigungsszene

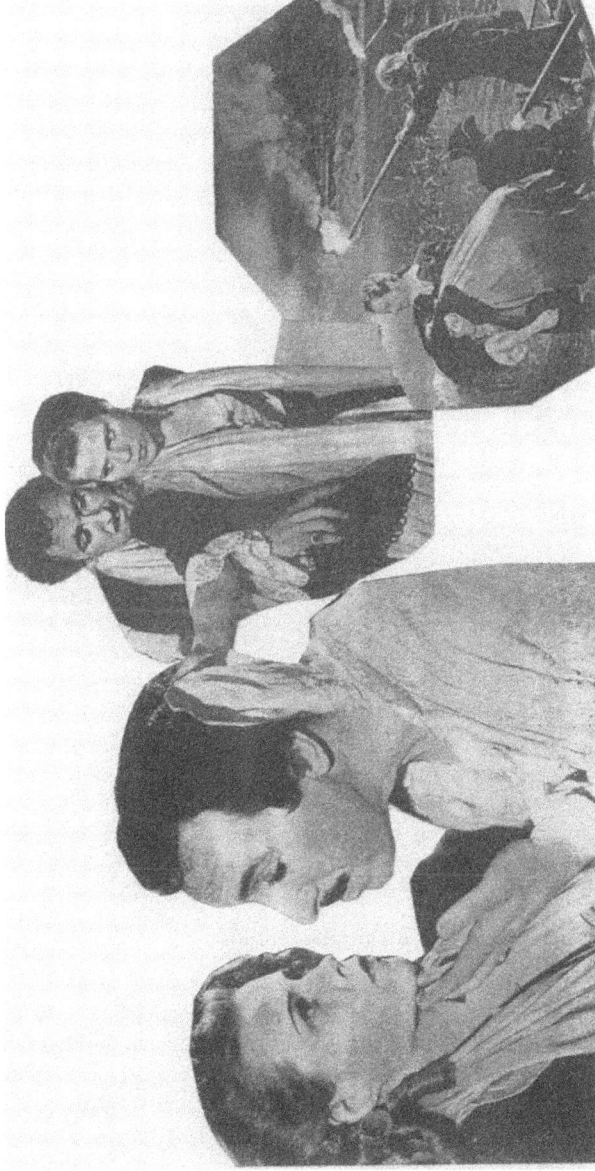

„Der Selbstmord Dorotheas als rassenideologische Konsequenz nach ihrer Schändung"[257]

---

[257] Ebd.

5. Abkürzungsverzeichnis

A   Autor

BAK   Bundesarchiv, Koblenz

Bd   Band

BDM   Bund Deutscher Mädel

D   Darsteller

DAF   Deutsche Arbeitsfront

DIF   Deutsches Institut für Filmkunde, Wiesbaden

DW   Deutsche Wochenschau

E   Einstellzeit

FAD   Freiwilliger Arbeitsdienst

Gestapo   Geheime Staatspolizei

HJ   Hitlerjugend

Hrsg.   Herausgeber

KdF   Kraft durch Freude

M.E.   Meines Erachtens

NS   Nationalsozialismus, nationalsozialistisch

NSDAP   Nationalsozialistische Deutsche Arbeiterpartei

Ogrl.   Ortsgruppenleiter, Ortsgruppenleitung

P   Prädikat

P-Filme   Propagandafilme nach der Kategorisierung von Albrecht

Reg.   Regisseur

RFA   Reichsfilmarchiv

RFK   Reichsfilmkammer

RMVP	Reichsministerium für Volksaufklärung und Propaganda
R	Regie
RePaTa	Reichsparteitag
SA	Sturmabteilung
Schupo	Schutzpolizei
SD	Sicherheitsdienst
SS	Schutzstaffel
TdW	Triumph des Willens
VB	Völkischer Beobachter
WHW	Winterhilfswerk
VfZ	Vierteljahreshefte für Zeitgeschichte
Zit.	Zitat, zitiert

6. Film- und Literaturverzeichnis

6.1. Filmverzeichnis

Ewige Jude, Der (1940): R: Fritz Hippler; A: Eberhard Taubert. Dokumentarfilm. P: Staatspolitisch wertvoll, künstlerisch wertvoll, gekürzte Fassung jugendwert.

Feindbilder (1995): R und A: Erwin Leiser; Dokumentarfilm im MDR vom 20.7.1995. Redaktion: Martin Hübner.

Jud Süß (1940): R: Veit Harlan; A: Ludwig Metzger, Eberhard Wolfgang Möller, Veit Harlan; D: Ferdinand Marian, Werner Krauß, Heinrich George; P: Staatspolitisch und künstlerisch besonders wertvoll, jugendwert.

Panzerkreuzer Potemkin (1926): R: Sergej Eisenstein; A: Sergej Eisenstein; D: Aleksandr Antonow, Wladimir Barskij, Grigorij Aleksandrow.

Riefenstahl, Leni (1993): R: Ray Müller; A: Ray Müller; Filmportrait, Frankreich 1993, Fernsehmitschnitt: Arte, 7.10.1993.

Rothschilds, Die (1940): R: Erich Waschnek; A: C.M. Köhn, Gerhard T. Buchholz nach einer Idee von Mirko Jelusich; D: Carl Kuhlmann, Hilde Weißner, Herbert Hübner.

Sieg des Glaubens (1934): R: Leni Riefenstahl; Dokumentarfilm des Reichsparteitags 1933.

Triumph des Willens (1935): R: Leni Riefenstahl; Dokumentarfilm; P: Nationaler Filmpreis 1935, staatspolitisch und künstlerisch besonders wertvoll.

6.2. Literaturverzeichnis

Albrecht, Gerd: Nationalsozialistische Filmpolitik. Eine soziologische Untersuchung über die Spielfilme des Dritten Reiches, Stuttgart 1969.

Albrecht, Gerd: „Auch Unterhaltung ist staatspolitisch wichtig". In der NS-Zeit sollte die Filmindustrie die Bevölkerung bei Laune halten und von der Wirklichkeit ablenken, in: Das Parlament, 37. Jg, Nr. 16-17,4. Aufl. 18./25.4. 1987.

Albrecht, Gerd (Hrsg.): Film im Dritten Reich. Eine Dokumentation, Schauburg 1979.

Balazs, Bela: Der Geist des Films, Frankfurt 1972.

Bandmann, Christa und Hembus, Joe: Klassiker des Deutschen Tonfilms 1930-1960, München 1980.

Bauer,Alfred: Deutscher Spielfilm-Almanach 1929-50, München 1976.

Becker, Wolfgang: Film und Herrschaft. Organisationsprinzipien und Organisationsstrukturen der nationalsozialistischen Filmpropaganda, Berlin 1973.

Belling, Curt: Der Film in Staat und Partei, Berlin 1936.

Boelcke, Willi A.: Kriegspropaganda 1939-1941, Stuttgart 1966.

Binion, Rudolph: „....daß ihr mich gefunden habt". Hitler und die Deutschen: eine Psychohistorie, Stuttgart 1978.

Bramsted, Ernest: Goebbels und die nationalsozialistische Propaganda 1925-1945, Frankfurt am Main 1971.

Brandt, Hans-Jürgen: NS-Filmtheorie und dokumentarische Praxis: Hippler, Noldan, Junghans, in: Dieter Baacke, Wolfgang Gast, Erich

Straßner (Hrsg.): Medien in Forschung + Unterricht, Serie A, Bd. 23, Tübingen 1987.

Broszat, Martin: „Zur Struktur der NS-Massenbewegung", in: VfZ, 31 Jg., Heft 1, 1983b.

Broszat, Martin: Soziale Motivation und Führerbindung des Nationalsozialismus, in: VjHZG 13 (1970).

Burden, Hamilton T.: Die programmierte Nation. Die Nürnberger Reichsparteitage, Gütersloh 1967.

Cadars, Pierre und Courtade, Francis: Geschichte des Films im Dritten Reich, München 1975.

Canetti, Elias: Macht und Masse. Düsseldorf 1960.

Demandowski, Ewald von: Der Reichsparteitagsfilm. Ein einmaliges Erlebnis in einmaliger Gestaltung, in: VB, Berliner Ausgabe vom 29.3.1935.

Denzer, Kurt: Untersuchungen zur Filmdramaturgie des Dritten Reiches, Diss.(Masch.-Schr.), Kiel 1970.

Der Spielfilm im Dritten Reich. 1. Arbeitsseminar der Westdeutschen Kurzfilmtage in Oberhausen. Protokoll, Zusammenstellung und Bearbeitung Manfred Dammeyer, 1966.

Elwenspoek, Curt: Jud Süß Oppenheimer, Stuttgart 1926.

Faulstich, Werner: Einführung in die Filmanalyse, Tübingen 1976.

Friedman, Mihal: „Männlicher Blick und weibliche Reaktion: Veit Harlans Jud Süß 1940, in: Frauen und Film, Heft 41, Dez.1986, S.50-64.

Fritzsch, Robert: Nürnberg unterm Hakenkreuz. Im Dritten Reich 1933-1939, Düsseldorf 1983.

Harlan, Veit: Im Schatten meiner Filme. Gütersloh 1966.

Heer, Friedrich: Der Glaube des Adolf Hitler. Anatomie einer politischen Religiosität, München 1966.

Heiber, Helmut (Hrsg.): Goebbels-Reden, Bd.1: 1932-1939, Düsseldorf 1971.

Hitler, Adolf: Mein Kampf. 12. Aufl. München 1941.

Hollstein, Dorothea: Antisemitische Filmpropaganda. Berlin 1971.

Hollstein, Dorothea: „Jud Süß" und die Deutschen. Antisemitische Vorurteile im nationalsozialistischen Spielfilm, Frankfurt am Main 1983.

Kandorfer, Pierre: Du Mont's Lehrbuch der Filmgestaltung. Theoretisch-technische Grundlagen der Filmkunde, 5.Aufl. Köln 1994.

Kershaw, Jan: Der Hitler-Mythos. Volksmeinung und Propaganda im Dritten Reich,Stuttgart 1980.

Kracauer, Siegfried: Von Caligari zu Hitler. Eine psychologische Geschichte des deutschen Films, Frankfurt am Main 1984.

Kracauer, Siegfried: Das Ornament der Masse. Essays, Frankfurt am Main 1977.

Kracauer, Siegfried: Theorie des Films, Frankfurt 1964.

Kurowski, Ulrich (Redaktion): Deutsche Spielfilme 1933-1945. Materialien, Münchner Filmmuseum (Hrsg.), München 1978.

Leiser, Erwin: „Deutschland erwache". Propaganda im Film des Dritten Reiches. 3. Aufl. Reinbeck 1989.

Lessing, Gotthold Ephraim: Gesammelte Werke, 5 Bd., Berlin/Weimar 1971.

Loiperdinger, Martin: Rituale der Mobilmachung. Der Parteitagsfilm „Triumph des Willens" von Leni Riefenstahl, Opladen 1987.

Lowry, Stephen: Pathos und Politik. Ideologie in Spielfilmen des Nationalsozialismus, Tübingen 1991.

Lueken, Verena: Zur Erzählstruktur des Nationalsozialistischen Films. Versuch einer strukturalen Analyse. Siegen 1981.

Maiwald, Klaus-Jürgen: Filmzensur im NS-Staat, Dortmund 1983.

Maser, Werner: Hitlers Mein Kampf. Entstehung, Aufbau, Stil, Änderungen, Quellen, Quellenwert, kommentierte Auszüge, München 1966.

Melchers, Christoph Bernhard: Untersuchungen zur Wirkungspsychologie nationalsozialistischer Propagandafilme, Diss., Köln 1977.

Nowotny, Peter: Leni Riefenstahls „Triumph des Willens". In: Arbeitshefte zur Medientheorie und Medienpraxis 3, Dortmund 1981.

Picker, Henry: Hitlers Tischgespräche im Führerhauptquartier 1941-1942. Vorwort und Erläuterungen von P.E. Schramm, 2. Aufl. Stuttgart 1965.

Rabenalt, Arthur Maria: Joseph Goebbels und der „Großdeutsche" Film. München 1985.

Reichel, Peter: Der schöne Schein des Dritten Reichs. Faszination und Gewalt des Faschismus, 2. Aufl. Frankfurt am Main 1993.

Riefenstahl, Leni: Hinter den Kulissen des Reichsparteitagfilms, München 1935.

Riefenstahl, Leni: Memoiren: 1902-1945. Frankfurt/Berlin 1994.

Riefenstahl, Leni: Über Wesen und Gestaltung des dokumentarischen Films, in: Der deutsche Film. Zeitschrift für Filmkunst und Filmwirtschaft, Sonderausgabe 1940/41.

Rosenberg, Alfred: Der Mythus des 20. Jahrhunderts. Eine Wertung der seelischen Gestaltungskämpfe unserer Zeit, München 1939.

Schmeer, Karlheinz: Die Regie des öffentlichen Lebens im Dritten Reich. München 1956.

Schneider, Albert:..auf daß ihnen viel Leid erspart bleibe!- In: Filmwelt Nr. 15, vom 12.4.1940.

Schöps-Potthoff, Martina: Die veranstaltete Masse. Nürnberger Reichsparteitage der NSDAP, in: Helge Pross, Eugen Buß (Hrsg.): Soziologie der Masse, Heidelberg 1985.

Spiker, Jürgen: Film und Kapital. Der Weg der deutschen Filmwirtschaft zum nationalsozialistischen Einheitskonzern, Berlin 1975.

Stern, Selma: Jud Süß. Berlin 1929.

Traudisch, Dora: „Film im Dritten Reich". Teil I: Nationalsozialistische Filmpolitik", in: medien praktisch, 4/87, Dez. 1987.

Wippermann, Wolfgang: „Triumph des Willens" oder „kapitalistische Manipulation"? Das Ideologieproblem im Faschismus, in: Karl Dietrich Bracher (Hrsg.): Nationalsozialistische Diktatur 1933-1945. Eine Bilanz, Düsseldorf 1983.

Wulf, Joseph: Theater und Film im Dritten Reich. Eine Dokumentation, Frankfurt am Main/Berlin 1989.

Zentner, Christian: Adolf Hitlers „Mein Kampf". Eine kommentierte Auswahl, 8. Aufl. München 1992.

Zielinski, Siegfried/ Radevagen, Thomas/ Maurer, Thomas/ Knilli, Friedrich: „Jud Süß". Filmprotokoll, Programmheft und Einzelanalysen, Berlin 1983.

Zielinski, Siegfried: Veit Harlan: Analysen und Materialien zur Auseinandersetzung mit einem Film-Regisseur des deutschen Faschismus, Frankfurt am Main 1981.

www.ingramcontent.com/pod-product-compliance
Lightning Source LLC
Chambersburg PA
CBHW022328280326
41932CB00010B/1265